中国ビジネス
工場から商場へ

浦上 清
Urakami Kiyoshi

日本経済評論社

はじめに

『ニューズウィーク』が選んだ「創意にあふれる町」の１つ，北京の中関村．

中国は、巨大な国内市場と輸出基地としての優れた競争力をベースに、世界の工場としての地位を着実に築きつつあります。台湾ではヒト、モノ、カネを強力な魔法の磁石で引きつけ続ける中国の力を畏敬の念を込めて「磁性」と呼んでいます。エレクトロニクスの先端分野では、アメリカのシリコンバレー等で経験を積んだ有能な若いエンジニアが家族を連れて里帰りを始めており、この傾向は大きな社会現象になっています。

このような大きな動きの背景に何があるのでしょうか。私は、中国大陸ビジネスが多くの人たちに夢と希望を与えている点を忘れてはならないと思っています。昔、日本の堺の港が大勢の人をひきつけた時期がありました。堺の港に行くと何故か人をワクワクさせる何かがある、かつての香港がそうであったし、現在の上海はこういう存在になっていると思います。上海に出かけますと「ここにいると何か出来そうだ」という気持が自然にわいてくるから不思議です。人をワクワクさせる都市というものは素晴らしいと思っています。『ニューズウィーク』が「創意にあふれる町」として世界八都市を選んでいます。北京市の中関村（Zhongguancum）がそのなかに入っています。この町には草の根運動のように増え続ける新しい企業群の熱気があります。インターネットソフトの会社を起こしたある中国人の青年は、「創意に富んだ人たちはこの町にとどまるでしょう。何故なら彼らには希望があるからです」と述べています。「この町にいれば創造的な活動が続けられる」という希望が多くの若い企業家を中関村にとどまらせています。夢と希望の存在が創意に富んだ企業活動をはぐくむといっても過言ではありません。

私は、一九九五年末から香港に移り、エレクトロニクス分野を中心とするマーケティング、販売及びサービス関連のビジネスに従事してきました。地域統括の範囲としては、香港、中国そして韓国が入っていました。製品分野としては、半導体製品、ＴＦＴ液晶表示素子等の電子部品、情報通信関連機器、ソフトウェア、業務用空調システム、各種産業機械用部品などの輸入販売及び中国の関連工場で生産された半導体、液晶表示製品などの販売も重要な業務でした。販売関連業務だけでなく、香港、中国各地及び韓国の拠点を通して国際的なレベルでの材料、部品の購入も行っていました。

滞在期間中に中国ビジネスの位置づけも変わりました。特に、二〇世紀末から中国は世界の熱い視線を受け続け、中国の一人勝ちの様相さえ呈するようになりました。私の最大のミッションは中国市場の開拓でした。香港から中国大陸ビジネスを展開する、と同時に軸足を中国に移す努力を行い、中国における販売インフラを構築することが使命でした。特に、上海、北京、広東省の中国大陸拠点を拡充しながらローカル・ケイパビリティ（Local Capability）の構築、改善に努めてきました。二〇〇二年四月一日付けで東京勤務となったことを契機に、これまでの六年四ヶ月の香港、中国での経験を踏まえ、この地域でのビジネスの進め方について日頃から発言し、実行してきた事柄及び今後の中国ビジネス展開の機軸について記しておきたいと考え本書の執筆を始めました。

数年以上にわたって中国のお客様と付き合いをしていますと、中国ローカル企業の強みとは何であるのかについて考えさせられることが多くあります。他社製品のほとんど模倣に始まり、技術提携に移り、ＯＥＭビジネスなどを進めているうちに急に競争力をつけてシェアを伸ばす。とても研究開発で力があると思えないのに売ってしまう。「売り勝つ」という言葉を聞いたことがあります。どこで誰が使いはじめた言葉なのかはしりませんが、妙に耳に残ります。中国のローカル企業の強みは「売り勝つ」力を備えているということではないかと考えるようになりました。どんな製品でもという語弊がありますが、ＯＥＭで購入した製品を売って、アフターサービスなどもしっかりこなすだけの強さを身につけているのだと思います。

中国が「世界の工場」と言われて二、三年でしょうか。香港をベースに深圳、上海、北京などで仕事をしていますと、中国は「世界の工場」から「世界の商場」へと変わってきていることに気づきます。近年、アメリカ、欧州、日本などの地域が良くありませんので余計に中国大陸に目が向けられるということもあります。例えば中国の二〇〇二年のパソコン市場規模は一千万台から一二〇〇万台にまで増えるという予測があります。中国のパソコン市場が世界第二位の日本を抜き去るのもまぢかということになります。携帯電話では既に二〇〇一年七月時点の登録台数が一億二千万台を超え、その時点で米国を抜いてしまいました。「世界の工場」から「世界の商場」への潮流の変化はまぎれもなく眼前にあります。

今回、本書のキーワードの一つとして使っている「商場」という言葉は日本語ではなく中国語です。『中日大辞典』（大修館書店）によると、「商場」の意味は、(1)マーケット、市場、(2)百貨店、(3)

市況、商況です。また、「他是商場中人」は「彼はビジネス界の人」であり、この場合の「商場」は「ビジネスの世界」を意味します。一方で、「工場」は日本語であり、中国語では「工廠」となります。本書では、「工場」から「商場」へという言葉で現在の中国ビジネスの大きな流れを表現したいと思います。

日本の企業は、これまで中国をモノづくりの拠点として捉え、生産基地としての活用を図ってきました。契約工場をいくつも使用して安く生産した製品を日本市場に持ち込むことに専念して成功を経験した企業も多くあります。また、大手企業でも中国で生産した家電製品を日本に持ち帰ることで成果を上げたところも少なくありません。しかしながら、こういうオペレーションでは中国ビジネスについての基本的な力はつきません。中国市場と中国の顧客を視野に入れた取り組みを開始してはじめて本物の中国ビジネスと向き合うことになります。

先ほどご紹介した携帯電話を例にとってみますと、中国市場で国産企業のシェアが上昇しています。二〇〇二年一～三月期におけるシェアのトップ10は次のとおりです。

1. モトローラ、2. ノキア、3. TCL、4. 三星、5. シーメンス、6. 波導（バード）、7. エリクソン、8. フィリップス、9. 東方通信、10. アルカテル

世界のGSMタイプの携帯電話において主導権をとってきた欧州企業が上位を占めるなかで、中国国産企業がランキングを上げています。中国企業は、韓国、台湾からOEM購入品を販売したり、外から購入した設計プラットフォームをもとに生産、販売したりの活動ですが、多くの個性あふれ

るデザインや機能をベースに着実に販売を伸ばしています。良質なアフターサービスも国産機種が人気を集めている要因です。技術的には彼らより優れた韓国や台湾の企業を「工場」とみなし、中国の「商場」で事業を拡大する中国企業をみていますと、中国ビジネスの組み立て方について多くのヒントが得られます。日本企業は中国に生産移転を図りましたが、まだトップ10には入れません。

このように見てきますと、中国大陸におけるビジネスを拡大するためには、中国を「工場」としてだけでなく、大きな商いの場、「商場」として認識し、そこにおける価値の創造を販売という機軸をベースに組み立てることが如何に大切かが分かります。これまで、日本の中国ビジネスの本は、「工場」的観点からのものが多かったと思います。そもそも日本企業のこれまでの企業活動の発展はモノづくりの強みによって形成されていたのではないかとも思われます。また、日本企業の中国での取り組みが、「工場」的な観点から行われてきた背景には、日本企業の仕事の組み立て方それ自体もあるのではないかと思うようになりました。中国を「商場」として捉え、販売主導の経営活動を展開することが重要です。これからの中国ビジネスでは「工場から商場へ」の潮流変化を捉え、仕事を組み立てられるかどうかが成功するか否かの分れ目になります。

私は、大切なことを決める時には何人かで部屋に集まってさっさと決めてしまい、「とにかく出来ることからやってみよう」と言って次の段階に進んでいました。資料をいくら作成してみても、天下国家論をしていても具体的な成果は得られません。「とにかく出来ることからやってみる」というのは私のモットーであり、スピード重視の仕事が大切であるということを言っています。こういう仕事は日本的な環境のもとでは少し難しいのかもしれません。アジアの強みはこういう職場環境にないということです。日本企業では海外駐在員のほうが明るく振舞い、前向きに仕事をしていると言われています。香港、中国の現場にいますと議論をする余裕がありませんので、限られた時間のなかで出来ることから、あるいは出来ることだけをたんたんと実行します。私はプラクティカルという言葉が好きです。出来ることをやり、間違っていれば直せばよいのです。こういった発想がこの地域の環境に合っていることに気づきます。アジア地域の動きの速さ、スピード感に敬意を表します。

目次

第 Ⅰ 部

中国ビジネスの新しい潮流

第1章　グレーター・チャイナと各都市の動向

Greater China and Major Cities

第1章関連地図

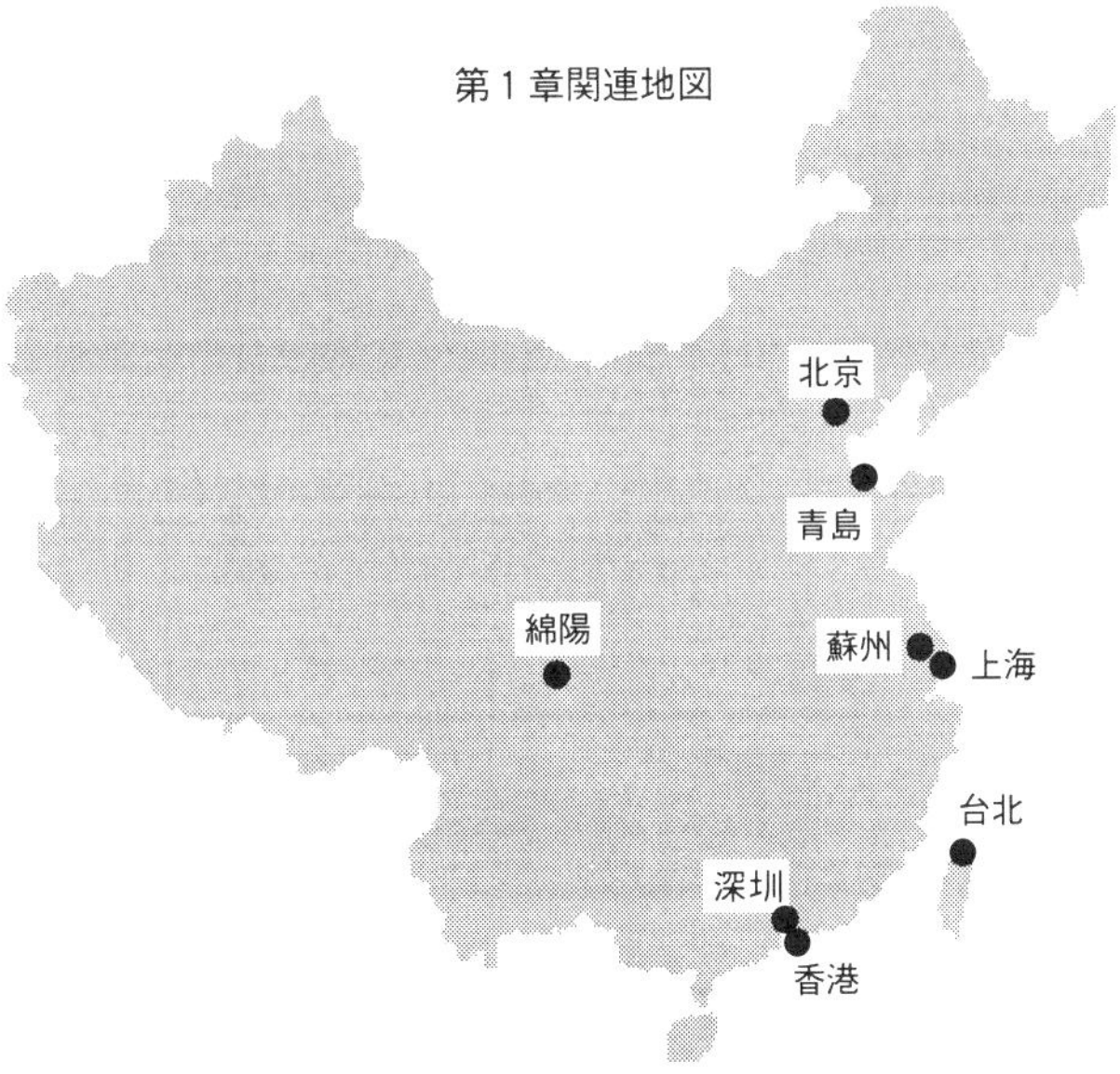

一―一　出発点としてのグレーター・チャイナ

グレーター・チャイナという捉え方

グレーター・チャイナ（Greater China）という概念は、中国、台湾そして香港を含む地域概念で、ビジネスの世界では数年前から米系の多国籍企業で使われています。一九九七年、香港の中国返還直後に北京のある大手米系企業を訪問しました。グレーター・チャイナという耳慣れない言葉を聞き、新鮮な刺激を受けたことを覚えています。現在の企業組織においては、事業単位による組織編成が前面に出ていますが、ビジネス単位の組織と地域統括を組み合わせたマトリックスでの運営になっている企業が多いでしょう。地域統括という概念は、全体として、少しずつ希薄になっていることも事実ですが、中国に関しては、グレーター・チャイナ概念に見られるように、地域統括の重要性が指摘され、具現化されています。このような地域概念をもとにしながら、台湾、香港そして中国本土で起こっていることを理解し、ビジネス面での対応を考えることが大切です。

グレーター・チャイナという概念を使用することについては、外資企業から見ると、共通言語が中国語であるということ、中国人による現地経営ということがあると思います。台湾の技術及び生産分野での優位性、香港のマーケティング、財務面での優位性を中国大陸でのビジネスで活用した

表1　中国事業構築における「グレーター・チャイナ人材」,「オーバーシーズ・チャイニーズ」の活用

	台　湾	香　港	米　国	アジア地域
グレーター・チャイナ人材	開発、製造	マネージメント，販売，財務，IT	—	—
オーバーシーズ・チャイニーズ	—	—	マネージメント，開発	製造，販売，マネージメント

いという発想が背後にあります。

中国本土への企業進出においては、開発、製造、販売のいずれをとっても、初期段階での人材の確保に不安があります。中国進出の初期段階で台湾人や香港人スタッフを派遣するのは極めて現実的な方法です。ハードシップ・アローワンス（Hardship Allowance　僻地手当て）などの手当が支給されますのでコスト的には多少高くつきますがある程度必要なプロセスです。中国大陸事業の初期的な立ち上げを台湾の人や香港の人の経験を活用しながら計画的に行います。グレーター・チャイナでの経営資源の活用です。企業内の限られたノウハウの活用、人的資源の活用の観点からグレーター・チャイナという概念に基づいた事業運営がスタートしています。上記表1は、中国におけるビジネスの立ち上げにおいて企業内でどのような人材が用いられているのかを示したものです。

私は、グレーター・チャイナのコンセプトに依拠した販売活動を行った経験があり、今でも大変有効な概念だと考えます。特に、中国ビジネスの立ち上げ時期は、中国大陸の人材もまだ育っていないので、信頼できる香港の人材を大陸にシフトして仕事を組み立てたのです。台湾のスタッフも活躍しました。日系企業では、オーバーシーズ・チャイニーズ

（華僑および華人）の活用はまだ不十分で大きな課題になっていますが、私の場合は、人材環境に恵まれ、シンガポール人スタッフを深圳や上海における販売活動の核として用いたことがあり、貴重な戦力になりました。

台湾企業の中国シフトが進んでいます。パソコン関連企業においては、基本的な設計は台湾で行われますが、半導体などの電子部品の調達は次第に中国大陸で行われるようになっています。部品の採用の意思決定は台湾で行われますので、売り込みは台湾で行いますが、受注以降の刈り取りは香港や中国で行うことになります。全体としての販売活動を完結させるためには台湾、香港そして中国本土での連携プレーが必要です。台湾における顧客の設計部門への売り込み（デザインイン）が出発点、こういう活動の成果が中国大陸での受注活動につながります。台北、香港そして中国大陸で同じ案件を追いかけます。台北では売り込み活動の経費が発生しますが、成果の刈り取りは上海など大陸の拠点になります。台湾の代理店や販売レップ（販売仲介業務を行う会社を指す。Sales Representative）の人たちもことの重大性に気づき、いち早く香港、深圳、上海などに拠点を構え、人を移すなど軸足の移動を行っています。グレーター・チャイナ地域での販売の旗振りは楽な仕事ではありませんが、統合的なマーケティングは必ず実を結びます。

本来、台湾、香港と中国本土との間には大きな環境的な差が存在します。これを一括りにグレーター・チャイナと呼び、企業組織や運営を行うことについては問題もあると思いますが、私の経験では、グレーター・チャイナは、(1)中国ビジネス立ち上げ時期の人材供給源として、そして(2)台湾企業向け販売活動を支える基本的な地域概念として大いに有効でした。アジア地域での中国の台頭によって、ビジネスの流れに大きな変化があらわれております。中国事業の推進にあたっては、グレーター・チャイナという地域概念に基づいた取り組みが重要な時代に入っています。

グレーター・チャイナの商流変化

経済的な分野で起こっていることと政治的世界の動きが大きく乖離していることを目のあたりにしますと、政治とはいったい何なのかと考えてしまいます。台湾政府の陳総統の「一辺一国」発言やそれをサポートする李登輝前総統のコメントなどから台湾の政府側の鮮明な独立姿勢が新聞紙上をにぎわしています。一方、政治面での出来事とは裏腹に経済面では着実に「両岸接近」の様相を呈しています。そもそも台湾と中国が別々の国であるかどうかということとはまったく違った次元で、台湾経済の中国依存度は、上昇の一途をたどっており、この動きは止まりそうにもありません。

二〇〇一年一一月、台湾政府が対中国投資政策を転換しました。従来の「戒急用忍」(急がず慎重に) 政策から「積極開放、有効管理」政策への路線の変更により、パソコン、半導体等先端分野における台湾企業の中国投資が激増しました。また、〇二年上半期には、台湾から中国への輸出が増え、中国がアメリカを抜いて台湾の輸出先としてナンバーワンとなりました。こういうことを背景として、八月上旬には中国の国有銀行が台湾ビジネスの決済で台湾にある外資系の銀行向けに直接L/Cを開くというふうに事態は急展開しています。両岸接近状況のもとで、外資企業は、中国本土戦略のみならず対台湾作戦にも目を向け、双方に対する活動を強化しています。グレーター・チャイナ概念の再浮上です。普通のことをやっていたのではビジネスが増えない今日、中国と台湾の急接近で新しいビジネスチャンスが生まれています。

グレーター・チャイナでの商流が大きく変化しつつあります。流れは直流です。「ミドルマン」としての香港の既得権が削ぎ落とされています。グレーター・チャイナでの香港の役割について、もう一度考えてみる必要がある、と同時に、台湾と中国の両方をにらんだ事業の展開について社内のコンセンサス作りと旗振りが重要になっています。今まで中国ビジネスで香港が果たしてきた役割についても、上海の販売会社などの中国拠点で遂行能力をつけておきたいところです。在庫オペレーション、アフターサービス、品質問題や人民元決済への対応能力など中国側で強化すべき課題は多いのです。中国人スタッフの質の向上、情報システムのレベルアップなどやりがいのある仕事は山ほどあります。

「私は台湾」、「あなたは上海」、「君は香港」などと言ってそれぞれに別個のビジネス政策を採っていたのでは、世の中の流れに沿った活動を展開することはできません。グレーター・チャイナという概念のもとで商売の流れが大きく変化している今、この地域を統一的に把握し、一本化された戦略と政策の実現を図ることが、今後のビジネスの展開にとって重要なテーマになっています。全体としては、地域統括という概念が希薄になっていますが、グレーター・チャイナの地域概念はこの時期、重要性を増しております。グレーター・チャイナという事業所を設置し、リーダーを決めてビジネス開拓を行うことが大切です。グレーター・チャイナという概念の重要性を認識することから新しい対応の動きが生まれます。

グレーター・チャイナの組織について

伝統的な地域本社は、ビジネス活動についての指揮命令やコントロールを一つのロケーションから行おうというものですが、現在のように変化が激しく、市場環境の多様性を前提とする事業展開においては、適切な意思決定とスピーディな企業活動の展開という面で問題が出ており、見直しが行われていいます。アジアという大きな地域概念を前提としていた一九八〇年代、九〇年代から、中国に熱い視線が注がれる二一世紀初頭に入り、アジアから中国を切り離し、独自の地域として取り組む動きが主流になっています。

多くの企業は、台北、香港そして上海、北京に会社をもって事業活動を行っています。ここでは、グレーター・チャイナという地域概念に基づいた事業の旗振りと活動展開のために、組織面で検討すべき項目について要点を記しておきます。

❶初期的な段階でのグレーター・チャイナ・プロジェクト

台湾、香港、上海などの個別拠点の活動をグレーター・チャイナという地域統括概念で統一的に行います。製品分野により、狙いや仕事の組み立て方に違いがありますが、共通の販売目標に向かって各地域の役割分担、各拠点のリソースの有効活用を図ります。プロジェクトのリーダーがどの拠点にいるべきかについては、それぞれの事業環境によって異なります。私が、香港で電子部品の販売活動に従事していた時には、香港販売会社副社長が仕事の旗を振っていました。

❷グレーター・チャイナにおけるビジネス施策の統一

台湾、香港、そして中国大陸における市場は相互に関連しあっています。したがって、販売活動の基本的な進め方については、コンセプトをよく議論し、統一されたルールのもとに具体的な活動の展開を行う必要があります。第Ⅱ部第三章の「香港ビジネス」でも詳述しますが、製品分野別の販売レップ、代理店の使い方、販売価格、在庫保有の考え方などについて、グレーター・チャイナ地域を念頭においた施策が重要です。

❸グレーター・チャイナの組織化

ビジネス分野別のプロジェクト対応の段階からグレーター・チャイナ事業部という組織対応に向かうのが組織化の第一歩です。台北、香港、上海の会社は独立の法人ですので、特定の製品については、グレーター・チャイナ事業部という地域組織を入れることにより仕事の組み立てを図るわけです。別のやり方は、会社としてのヒエラルキーを構築する方法です。例えば、香港会社をグレーター・チャイナ地域本社とするもので、この場合には、台湾会社と上海会社が香港にレポートすればよいのです。なお、この場合グレーター・チャイナ事業部がどこにレポートするかについては、企業によって異なります。本国に直接報告するケースとアジアの地域本社に正の報告をしながら、副のレポートを本国に並行して入れるというやり方があります。中国事業の地位の向上とともに、次第に前者が組織運営の中心になりました。

中国の台頭による商流の変化により、アジアという大きな地域概念が優先する時代は次第に終焉を迎えつつあり、それぞれの製品分野にフォーカスした小さな地域統括機構へとビジネス環境は移行しています。グレーター・チャイナという地域概念は、こういう概念の一つであり、実際の商流の変化にも支えられ、現実的な意味を増しています。グレーター・チャイナをビジネス地域として捉えた事業活動を推進することにより中国ビジネスの幅が広がります。アジアの大きな商流の変化をチャンスとして捉え、グレーター・チャイナのような新しい地域概念を念頭においた活動の展開を行うことでアジアビジネスの新しい地平が開かれるのです。

一―二　香港、深圳、華南

香港の役割の変化

最近の香港については猛烈なスピードで前進する中国本土との比較で厳しい評価が出ています。中国が二〇〇一年一〇月に上海でAPECの会議（アジア・太平洋経済協力閣僚会議）を開催したこと、一二月にWTO（世界貿易機関）に加盟したこと、そして二〇〇八年に北京でオリンピックを開催するなどは現在の中国の勢いを象徴するものです。香港の場合はジャーナリスティックな側面から見ても残念ながら話題性に欠けますが、問題は話題性ではありません。

香港はこれまで中国貿易の窓口としての役割を果たしてきました。中国との直接取引が増加しつつある今日、香港の貿易、物流上の役割についても議論があります。企業の中国シフトが続くなかで、これからの香港をどのような都市として発展させるのかが重要です。貿易と運輸、物流は香港に残された重要な環境要因といえ、これらの面で香港がどのような優位性を確保できるかが大切になっています。

私が考える香港の問題は事業のコストです。利幅の厚いビジネスであれば別ですが、通常の商売ではコスト競争力が極めて重要です。香港は、人件費、オフィス家賃などの面で、アジア各国のなかで最も高い水準にあります。二〇〇一年、ＨＳＢＣ（香港上海銀行）が一二〇〇人を擁するバックオフィス機能を香港から広東省の広州に移しました。このケースに限らず、人件費の高さとＩＴ人材の確保の難しさが目立っています。物流についても似たような動きがあります。この場合は香港国際空港の利用価値がまだ高く、議論は分かれています。倉庫については深圳などに移すところが出ており、新しい傾向になっています。

投資家の目は直接中国大陸に向けられています。香港が、中国大陸との中継貿易基地として栄えてきた歴史があるだけに、中国のＷＴＯ加盟で大陸内のビジネスインフラが整備され、貿易、税制面での透明度が増し、人材が育ってくると、中継者としての香港は価値がなければ外されることになります。最近よく使われている言葉では「中抜き」ということです。

二〇〇一年五月に香港で『フォーチュン』誌主催の国際会議があり、この時香港のアイデンティティーのキャンペーンが打ち上げられました。そのなかで「アジアの国際都市」（Asia's world city）については既にロゴも決まり、具体的な形でイメージ・キャンペーン等が行われています。この時、香港の近未来の構図について財務長官がイメージを打ち出したことはあまり知られていません。近未来のコンセプトである「マンハッタンプラス」（"Manhattan Plus"）です。梁財務長官の「中国のマンハッタンプラス」は、ニューヨークのマンハッタンが米国において占める位置と同様の位置を香港が中国において占める、ということを意味しています。財務長官の言葉をそのまま引用すれば「金融センター、ビジネスハブ、観光センター、情報センターそして物流センターになる」ということです。中国の「マンハッタン」というところがポイントです。「プラス」はマンハッタンのようなもの、もしくはマンハッタンのような存在にもう少し何かを加味したものになりたいという意欲を現すものというべきでしょうか。「中国のマンハッタンプラス」構想は大変意味のある問題提示であると思いますが、多くの企業が既に香港離れを実現させているなかで具体的にどのような機能を香港に残し、何を強みとして活かしていくのかについてもっと突っ込んだ議論が必要です。

会社のビジネス展開で、香港をどのように位置づけるかについては、中期的な視点に立った検討が必要です。私の認識は、例えば販売について言えば、売り込みのようなフロント機能は中国本土にシフトすることが必要であり、マーケティング、販売、アフターサービスなどについては中国拠点の強化を図っていくのですが、ビジネスの決済はまだ香港で行われることがほとんどですので、コントロールタワーとしての香港の役割は当面変わらないと考えています。香港の法人税は一六%であり、本社所在地としては優位性をもっています。中国ビジネスの本社機能や香港株式市場での上場による資金調達を考えると、香港の役割はまだあると思います。

華南経済圏と香港

華南という地域概念は広東省、福建省と海南省などを含むものですが明確な定義はありません。ここでは華南経済圏という言葉で実質的に狭義の広東省経済圏を示すものとして考えることにします。香港は一九八〇年代から製造業を近接する広東省にシフトしてきました。お隣の深圳、その先の東莞、対岸の珠海、省都の広州などは香港資本の投下により製造業が発展しました。この過程は香港経済が広東省を飲み込むプロセスであり、香港が珠江デルタ地域経済を支える原動力になったのです。「中国の香港化」です。中国の改革、開放は歴史的に深圳経済特区など広東省から始まりました。香港の資本を呼び込むためにかなり柔軟なやり方が用いられており、「広東方式」とか「華南方式」と呼ばれています。

地場の香港企業が製造拠点を広東省等に移し、香港に進出した日本企業も後を追うかのようにこの地域に進出しました。このようななかで一つの中国ビジネスのモデルとでもいえるビジネスの形が形成されてきました。香港でビジネスを開拓し、受注します。生産は広東省にある工場に委託し、ビジネスの決済は香港で行われます。ビジネス形成者は香港企業であり、華南における委託加工生産によってこの事業は完結の重要プロセスが遂行されるのです。広東省など華南でのビジネスモデルの基本はこのようにして形作られ、香港はビジネス推進力として重要な位置を築き上げたのです。

一九九七年の香港返還以降、深圳などの発展は加速され、華南経済圏として香港との一体化の様相すら呈しています。また、香港自身が近年大幅な景気後退に苦しんでいる、と同時に「中国シフト」という大きな流れのなかで構造的とも思える揺れのなかに入りました。WTOに加盟した中国が香港の後ろ盾になったかのような感じを与えることになりました。最近の香港政府の動きを見ていても、北京迎合型になっており、「香港の中国化」を感じざるを得ません。

近年、上海周辺が投資家の熱い視線を浴びています。この地域は広東省などと異なり、海外からの直接投資が中心です。この場合、上海、蘇州などで生産された製品は中国国内向けの場合は香港企業が上海外高橋などの保税区に設立した販売会社を通して販売されますし、輸出については香港企業などが絡む場合が多いと思います。広東方式とは別のビジネスモデルが構築されています。ここにおいては、香港の役割も変わったものになります。

中国のWTO加盟による制度改革によって、貿易ビジネスが更に開放され、上海などが直接対外的な窓口機能を果たすような日も近く訪れると思われます。香港が中国ビジネスの窓口機能を独占することはもはやできない状況です。香港と華南の経済が融合化に向けて動いておりますので、この観点から華南ビジネスモデルの見直しを行う必要があります。これからもこの地域が国際的な競争の場で活力を発揮することを期待しています。

物流基地としての香港

世界の港の貨物取り扱いに関する統計があります。船舶貨物の往来をあらわすものです。二〇〇一年の港別の扱い量ランキングは表2のとおりで、香港が世界でナンバーワンの地位を維持しています。香港は、特に中国への輸入の玄関港として、また中国から世界への輸出の基地としてまだ最大の規模を誇っています。上海と深圳は中国からの輸出港としてコンテナ取扱量が大きく伸びています。特に、アメリカ向けの輸出が多くなっています。船舶貨物を見る限り、香港はまだ世界の港です。

表2　各港の貨物取り扱い量（2001年）（単位：万 teu，40フィートコンテナ＝2 teu）

	港　名	扱い量		港　名	扱い量
1	香港	1,790	6	ロッテルダム	594
2	シンガポール	1,552	7	ロサンジェルス	518
3	釜山	790	8	深圳	508
4	高雄	754	9	ハンブルグ	469
5	上海	633	10	ロングビーチ	446

（資料）Containerization International

中国と違って、香港では複雑な税制も存在していないので、物理的に通関に要する時間も中国の港に比べて短くなっています。貿易業務の効率の追求や実際の通関に要する時間という観点からは、香港はまだ優位性を維持しています。貿易手続きのコンピュータ処理についても香港のほうがはるかに進んでいます。効率性の高い香港の港をバックに中国のみならず世界各地とワールドクラスの取引を行うことができます。したがって、世界の港としてのポジションに磨きかけ、情報処理やインフラの改善を行えば、香港もまだ捨てたものではありません。

更なる改善のために、貿易基地としての香港は港湾関連のインフラの整備を行うべきであるとの指摘がなされておりますので、ここで紹介します。香港政府の調査（Study to Strengthen Hong Kong's Role as the Preferred International and Regional Transportation and Logistics Hub）によれば、香港の運輸、物流は緊急対策を打たなければ中国の上海や深圳などの新興著しい港にとってかわられるとの忠告です。深圳空港、塩田港は低コストを武器に香港に脅威を与えていますし、上海は陸、海、空の全ての面で香港に挑戦しています。同調査は香港をロッテルダムとシンガポールと比較します。香港に欠けているのは港湾流通ネットワーク（Port Inland Distribution Network）、というのが本レポートの結論です。国際空港と港湾インフラは優れているのにこれをサポートする流通ネットワークが貧弱であるということです。この欠点を克服するために、珠江デルタにおける高速道路網の建設、高速港湾船舶の導入や物流のための鉄道ネットワークの建設が必要との提言がなされています。世界の港、香港の競争力強化のために新しい改善の施策が講じられています。

深圳と香港

深圳は香港に隣接した中国の経済特別区で、一九七九年に経済特区に指定されてから目覚しい商業発展を遂げ、現在の人口は四〇〇万人とも言われています。この町の特徴は「新しい」、「若い」、「速い」の三つの言葉に代表されます。「新しい」は特区に指定されてから、まだ二〇年の歴史ということです。「若い」は、町の人口の平均年齢が二六〜二七歳であること。そして、「速い」というのはこの都市の変化のスピードです。深圳の人口の殆どは、中国各地からの「移民」です。したがって、言葉は普通語（中国語標準語）であり、広東語ではありません。

香港の会社で勤務していますとよく深圳に出かけます。私も香港勤務時代には、顧客訪問、ビジネスパートナーとの打ち合わせ、事務所での打ち合わせ等で頻繁に訪れた町です。ここに行く方法は大きく分けて三つあります。まずは電車。ＫＣＲ（九広鉄路）という名前の路線を利用します。香港九龍側の駅から四〇分程度で終点の羅湖（ローウ）駅に着きます。ここで香港側の出国審査を終え、橋を渡って中国側の入国審査となります。次は自動車。落馬洲（ロクマチャウ）で降りて、香港側、中国側と関所を二箇所通ります。三番目は船です。フェリーで中港城から一時間で蛇口(シェコウ)に着きます。これがいちばん簡単で、中国側で一度だけパスポートコントロールを通ればよいのです。

香港に移ったばかりの一九九六年頃は深圳から羅湖に入ると本当にほっとしたものでした。その当時の深圳での独特の緊張感はまだよく覚えています。言葉は分からないし、何よりも身の回りの安全が問題です。スリはまだ悪名高いものです。

香港の人も深圳によく出かけます。物価差が大きく、買出しに出かけます。現在、鉄道の乗り入れの建設工事も着々と行われております。深圳にアパートを購入している人も大勢います。買い物だけではなくて、働く場所としての深圳の重要性もあがっています。就業場所としての香港は大きな問題をかかえておりますが、幸い深圳にいけば仕事があるので人は「国境」を越えて通勤します。車の乗り入れは相互に重要なはずですが、現在の大陸シフトのもとでは、香港人の通勤や買い物の便のための交通手段の拡充といってもよいほどです。

私は深圳を訪問する度にこの町を身近なものに感じました。私の慣れといえばそれまでですが、「慣れ」以上の現実面での新しい展開があります。深圳と香港は経済的に融合しています。初期段階では深圳は香港をモデルに新しい都市としての出発をしました。近年では香港は深圳の発展から影響を受けるようになっています。競争と協力を続けながら、華南の二都市は新時代に向けて更に発展を続けることと思います。深圳市もこれからの展開について幾つかの課題を抱えていますが、持ち前の若さとスピードで乗り切っていくことと思います。

二〇〇二年秋に入り、香港にある米系の金融機関が、「香港の敵は、深圳にあり」（"Shenzhen Racing with Hong Kong" Citi Bank）というレポートを出しました。「香港の人は、急成長を続ける上海を自分たちのライバルだと考えているが、香港経済への影響という点では深圳のほうが脅威である」との警告が話題を呼びました。私は、香港と深圳が競い合ってお互いのレベルの向上をはかることも重要ですが、共存、共栄を図っていくことに力点をおいた取り組みのほうが大切と考えています。

フィリップスの香港シフト

オランダに本社をおく世界的な多国籍企業のフィリップスがアジアの地域統括本部をシンガポールから香港に移すことになりました。

私が会社に入った頃、フィリップスは世界的な多国籍企業として名を馳せていました。一九七五～七六年にかけて英国のロンドン大学（The London School of Economics and Political Science）在学時に、アイントホーヘンに本社のあるフィリップスを訪問したことがあり、多くのことを学びました。アジアでフィリップスが元気です。香港に来て、この会社のアジア地域における活躍ぶりを目の当たりに見て、「欧州企業、健在なり」とうなずきます。

フィリップスがシンガポールに進出してちょうど五〇年になります。フィリップスのアジア進出の歴史は圧倒的に長いのです。フィリップスがアジア地域の統括本部（Asian Regional Headquarters）をシンガポールから香港に移すことにしたのには二つの理由があります。一番目はコストの削減です。アジアで仕事をしていますとどうしても幾つかの統括地点ができあがりますし、このような拠点のコストが大きなものになりがちです。様々な観点からシンガポールと香港はダブった存在になりがちです。こういったところにメスを入れたフィリップスに敬意を払います。二番目の理由は、いま世界で注目を集めている中国市場に近いということです。世界的な多国籍企業のフィリップスが、中国市場対応を視野に入れてアジアの統括本部をシンガポールから香港に移すということは、このところ明るい話題に欠け、評価が厳しくなるばかりの香港にとっては力強いエールになります。

フィリップスの発表では触れられていませんが、シンガポールでの生産拠点の大幅縮小ということもシンガポール離れの遠因になっていると考えます。フィリップスのアジア統括本部にかかわる企業改革はこれから始まりますが、とにかく運営を変えるということとの意思表示のためにシンガポールにいる約二〇名の幹部を香港に移すことを決めています。このような意思決定を淡々と実行できることが素晴らしいと思います。

地域統括というコンセプトで国際的なビジネスを展開している企業は欧州企業、日本企業などではまだ多いと思います。これまでアジアの地域統括本社の所在地としてはシンガポールと香港が両雄でした。近年、シンガポールで製造関連企業が撤退をはじめたことが原因でシンガポールの影が薄くなりつつあります。更にアジア地域では、グレーター・チャイナが重要な市場となりましたので、香港の地位が向上することになりました。アジアでフィリップスと同じような問題を抱えている企業は多いので、私はここ一、二年で同じような行動をとるところが出ると思います。フィリップスの地域本社の移転は香港にとって朗報です。

香港の近未来

中国に返還されて満五年を迎えた香港の姿を見たかったこともあり、二〇〇二年七月に香港を再訪しました。

中国が世界の注目を集めるなかで、香港の近未来の構図はまだ明確に示されていません。このようななかで経済関係の数字は改善されず、失業率は二〇〇二年の五月から七月の平均で七・八％になりました。更に驚くべきことは、個人破産の件数が、〇二年前半六ヶ月だけで一万三〇〇〇件を超えたことです。〇一年の個人破産が前年の五五〇〇件から一気に増加し、年間合計で一万三〇〇〇件となりましたが、〇二年は上半期だけで〇一年通年の数値に並びました。香港では貧富の格差が拡大しており、貧困層の問題すら生み出しています。輸出関連の数字が多少改善されてきたのは多少の救いですが、全体としてまったく予断を許さない状況にあります。

大きな流れは明確に中国大陸です。国際化を目指す上海で英語学習がブームになっているのに、国際都市のご本家の香港では普通語熱という皮肉な現象が起きています。「北に行く」といって深圳などで就業機会を見つける人も増えています。中国大陸へのパラダイムシフトは何も香港だけの現象ではありません。政治的な両岸の緊張関係とは裏腹に経済的には台湾の中国依存度の上昇はどうにも止まりません。中国が輸出先国としてナンバーワンになったという台湾です。台北から上海行きの直行便が飛び立つのもそんなに先のことではないかもしれません。

「時の利」、「地の利」でこれまでの地位を築いてきた香港。グレーター・チャイナで「ミドルマン」として重要な役割を果たしてきたのですが、ここにきて基本的な商流に大きな変化が出ています。グレーター・チャイナという概念が中国大陸と台湾だけを意味することにならないようにするための活動が必要です。香港がどのようにして再生していくかは香港の社会を構成する市民一人一人の双肩にかかっています。香港市民の元気が何よりも大切です。転んでもただでは起きない粘り、足元を重要視する近視眼的な楽観主義など香港人の良い点を伸ばすべきだと思います。「何といっても都市国家」の香港です。香港がこれからどのようにみずからを位置づけ、問題を解決しながら次のフェーズに移っていくのか大変興味があります。

これまでの香港については、中国の入り口という側面に焦点を当てて議論をすることが多かったのですが、最近、私は、これまで以上に華南経済のなかでのビジネスチャンスを逃さないということが香港にとって重要だと考えるようになりました。上海と香港を比べるような議論よりも、広東省との関係で良い仕事をすることに重点を置いたアプローチのほうが現実的です。

香港政府が広東省政府との共同で珠江デルタへの企業誘致の活動をはじめました。近年脚光を浴びている上海、蘇州地区、いわゆる長江デルタと華南経済のシンボル、珠江デルタの経済関係の数値を比較してみても香港が広東省といっしょに動けばまだビジネスチャンスは大きいからです。私は現時点では華南経済の中での香港という点に着目したアプローチが重要であると考えています。香港あっての広東省、広東省あっての香港という具合に珠江デルタ経済との共存、共栄を実現するという観点から香港の再生が求められています。

一―三　台　湾

台湾、止まらない大陸ラッシュ

二〇〇一年の一一月上旬、台湾製府は対中経済、貿易政策を李登輝前総裁時代の「戒急用忍」から「積極開放、有効管理」に転換することを正式に発表しました。ここで「有効管理」という言葉の使い方ですが、技術レベルの高い分野での大型投資案件などについても国家安全保障の維持とか経済の安全を確保するということの重要性がうたわれているのだと思います。業界の押しが功を奏したといえます。政府のほうから見ると、国家の安全というボトムラインは維持されているとの説明なのでしょうが、もともと台湾企業の大陸シフトは生き残りを賭けた「選択肢なし」の状況下で生まれたものであるだけに、企業行動は「大陸へ」の号令のもとに激しい勢いで展開されます。

ノートPC（パソコン）、携帯電話、デジタル家電などの分野で多くの製品の中国大陸への投資が認められる時代に入り、懸案であった半導体の八インチウェハーの中国大陸投資についても二〇〇二年の三月末の時点で解禁となりました。その後、足元に火がついたようにヒト、モノ、カネの大陸ラッシュとなっていることは既にご承知のとおりです。

上海にある日系の銀行を訪問した時に、上海、江蘇省地区に三〇万人ともいわれる台湾人が移ってきて仕事をし、生活をしているということを聞きました。この地区の日本人がどのくらいいるのかについてはよく分かりませんが、一説には二万五千人程度といわれていますので、台湾パワーは日本のそれの一〇倍以上です。大手企業の工場が中国大陸に移ります。関連の仕事をしている会社の工場も移ります。学校も移る。レストランもカラオケ屋さんも移ります。これがその地域をますます活性化させる。余談ですが、上海で何度かカラオケに行ったことがあります。「銭函」が台湾系であることはよく知られていますし、お客さんも台湾人が大勢押しかけます。カラオケだって台湾パワーに勝てそうもありません。

歴史的には台湾の中国投資は華南からはじまりました。省単位で見ると、今でも広東省に進出している企業の数は抜群に多くなっています。東莞市には台湾人の子弟のための学校もあるくらいです。ここ二、三年の大きな流れは華南から華東への進出先のシフトです。何といっても上海近辺は生活がしやすく、台湾のかたは長江デルタ地区の環境の良さを誉めています。上海、蘇州地区への投資は極めて大規模なものです。香港勤務時に蘇州のエイサーや昆山のコンパルなどパソコン企業を訪問しましたが、巨大な工場に度肝を抜かれたものです。「台湾企業はやることがでかい」というのが私も含めた日本人の正直な感想です。

パソコン産業基地として自らを確立した台湾企業ですが、近年は、パソコンの組み立てといった小手先の進出だけでは国際競争力の維持ができない状況にあります。したがって、パソコンの設計や半導体、液晶表示素子などの製造についても台湾から大陸に移そうとしています。

二〇〇二年上半期以降も、台湾企業の大陸ラッシュが続きます。台北市の事務所の空き室が増えており、〇二年七~九月期の空き室率は一〇%近くにまで上昇しています。同時期における賃貸料は、前年同期比で一二%下落しました。また、新聞報道によると、台湾の大学生の意識調査で、中国本土で働きたいという志向性が出ているそうで、大学生の仕事探しにも大きな影響を与えはじめた台湾企業の大陸進出です。

台湾企業の中国シフト加速

最近の台湾企業の中国へのビジネスの軸足のシフトは壮絶なものがあります。台湾企業の中国シフトは、「これしかない」という意味で、「ノーチョイス」です。現在の広東省の東莞や上海市近郊は、台湾からの駐在者が家族で赴任できる環境になっています。数年前、台湾からの赴任といえば単身赴任であったことを考えると隔世の感があります。資本の論理は国境を越えます。台湾企業の動きを見ていると、実にあっけらかんとしていて気持が良く、思わずエールを送りたくなります。「これしかない」という気持と思い切った投資、これが車の両輪です。

エイサー、コンパル、クォンタそしてインベンテック。台湾を代表するパソコン企業は上海、蘇州地区に進出済みです。上海の張江のハイテク技術区に進出した半導体企業への投資も巨額です。最近のNNA（ニュースネットアジア）の報道記事（インターネット）は「海峡を越える台湾半導体産業、上海に進出」という見出しで、台湾の資本が投入されたケースとして、中芯国際集成電路

（ＳＭＩＣ）と宏力半導体製造（ＧＳＭＣ）について触れています。前者は台湾の半導体企業、世大積体電路（ＷＳＭＣ）の元社長の張汝京が中心となって設立し、後者は台湾プラスティック会長の息子である王文洋、江沢民の子息で中国科学院副委員長の江綿恒が中心となり設立したものです。いずれも米国、日本の技術を基礎として事業を立ち上げようとする会社で八インチウェハーのファウンドリー（Silicon Foundry）事業に参入したものです。プロセス技術、製造に徹し、前工程を終えた半導体チップを半導体メーカーに売るという極めて挑戦的な仕事です。もともと台湾は、ノートＰＣや半導体、液晶などは対中国大陸の投資を禁止ないしは規制してきましたが、業界の反対も強烈なものがあり、ノートＰＣをはじめとしてほとんどの分野で二〇〇二年一月から規制が緩和されました。半導体八インチウェハーについても同年三月末、条件付で解禁を認めることになりました。台湾産業における大きな流れを感じます。

二〇〇二年の秋、台湾における半導体ファウンドリー最大手のＴＳＭＣ（台湾積体電路製造）が台湾経済部に上海での八インチウェハー工場の建設を申請しました。この企業は、米国の有力半導体企業であるテキサスインストルメンツで功績を上げたモリス・チャン氏が今から一〇数年前に里帰りをし、五〇代なかばで創業した台湾最大の半導体企業です。七〇歳を過ぎて、今なお先端プロセスの半導体事業について熱く語るチャンさんですが、中国上海での事業拡大が夢であったということです。

台湾ハイテク産業のケースは、経済原則が政治的な規制を上回る力をもっていることを証明するものです。台湾は画期的な局面を通過したことになり、今後は文字どおり一気に軸足の移動が加速されます。

一—四　上海、蘇州

上海と香港

以前、『サウスチャイナモーニングポスト』紙のホームページ上でアジアの主要都市のなかで二〇〇五年にはどの都市が最も競争力をつけているかについての人気投票がありました（二〇〇一年末）。五三％の人が上海が一位と回答しました。香港が三一％で二番手につけています。これは香港人が多く投票に参加しているからだと思います。香港人はとかく香港を上海と比べたがる傾向にあるようで香港に住んでいた頃は、香港と上海を比較した報告書をよく目にしました。ちなみに、三位はシンガポールで一一％、四位は東京三％、第五位がソウルで二％でした。何かにつけて香港と上海という二つの都市は比較の対象にされますし、このテーマはいろいろな場面で取り上げられています。

一九八〇年代の中国では各国の企業進出は主として珠江デルタに向けられました。広東省のなかでも特に深圳、珠海、東莞などに巨額の投資が行われ、これらの町が成長していったのです。香港はこの歴史的な過程で財務、税制、法律等の分野でのサポートは言うに及ばず、貿易のロジスティックスの面でも重要な役割を果たしました。広東省の時代です。一九九〇年代に入り中国への投資

表3　長江デルタ，珠江デルタ，香港の経済力比較（2001年）

地　域	人　口（万人）	GDP（億人民元）	輸出入（億米ドル）	財政収入（億人民元）	外資投資（億米ドル）
長江デルタ					
上海市	1,674	4,551	547	485	283
江蘇省	7,438	8,583	456	448	437
浙江省	4,677	6.036	278	343	112
小　計	13,789	19,170	1,281	1,276	832
珠江デルタ					
広東省	8,640	9,662	1,701	911	982
深圳市	433	1,665	639	225	158
小　計	9.073	11,327	2,340	1,136	1,140
香　港	667	12,671	32,307	2,251	—

（資料）『文匯報』2002年8月28日，香港のみ億香港ドル．

は上海、江蘇省、華東等広がりを見せましたが、そのなかで上海は浦東地区の開発で群を抜いた展開を見せました。商業区、金融区、加工区、貿易区という区分で世界の企業誘致を行っており、特に中国で最初の保税区である外高橋（Wai Gao Qiao、ワイガオチャオ）保税区への企業進出はあらためて触れるまでもなく、極めて大きな規模となりました。

私が香港に移ったのは一九九五年一二月の初めですが、この時期以降の上海の動きだけをとってみても目覚しいものがあります。ここで珠江デルタと長江デルタの経済力の比較を二〇〇一年のデータに基づいてみておきます。珠江デルタのGDPは香港の数字を加えると長江デルタの一・二五倍です。上海単独では香港の三分の一、上海と江蘇省の合計のGDPと香港単独のGDPがほぼ同じですから現時点での香港の経済力は大きなものです。特に香港の貿易関係の数字は群を抜いています。香港を基地に貿易ビジネスに従事している企業は多く、業務革新で力をつければまだ当分は良い仕事が出来ると思います。

上海と香港はよく比較されます。香港貿易発展局のレポート“The Two Cities・Shanghai・Hong Kong”（二〇〇一年三月）は香港の立場から二つの都市の比較を行っており、興味深い文献です。昨年の国民総生産（GDP）は香港が一六三〇億米国ドルであるのに対して上海のそれはまだ五四八億米国ドルで、三倍の差がありますが、世界有数の企業が上海近辺への直接投資を増やしており、この格差は徐々に縮小していくでしょう。中国への窓口としてこれまで重要な役割を果たしてきた香港ですが、中国のWTO加盟で「ミドルマン」としての「地の利」を失っていくことも予想され、足元の「大陸シフト」の大きな潮流の中で変わりゆく香港。これからは従来以上に珠江デルタ経済、華南経済との協力でチャンスを活かすということで広東省との二人三脚による活動も展開されはじめました。他方、華東地区では、台湾企業を中心に大型の投資が相次いでおり、長江デルタをバックに新しい中国の窓口としての地位を築きつつある上海。競争と協力関係の樹立に向けて二つの都市は新しい段階に入っていきます。

上海浦東は第二次投資ブーム

上海は経済的な拡大を見せています。二〇〇二年に入ってからもこの勢いは加速されており、中国のGDPが前半六ヶ月で七・八％成長したといわれるなかで、上海のGDPは対前年同期比一五％の伸びを示しています。特に、浦東地区の工業生産の伸び率は対前年上半期比で一八％と驚異的な伸びです。

上海市では、国内の民営企業、海外からの投資企業の双方とも設立ラッシュが続いています。二〇〇二年のデータでみると、一月から九月に上海市で設立された民営企業は四万社を超えています(『中国鉱業報』)。最近の傾向は投資の大型化ということで、資本金が一億元(一四億五千万円)を超える会社の設立件数は〇一年の倍になっているというから驚きです。国内民間人による起業ブームに加えて、海外からの直接投資も極めて高い伸びを示しています。〇二年の前半六ヶ月の動きを見ると、一日当り七件の海外投資案件が認可されているといいます。上海のなかでも、浦東地区への投資が最も高い伸びを示しています。

日本企業でも上海地区での投資が相次いでおり、特に外高橋保税区への進出だけで二〇〇二年前半のわずか半年の間に一〇〇社近くの新しい会社が設立されています。上海の外高橋保税区は一九九〇年に国務院の認可の下に中国で最初に設置されたものです。日本企業の初期的な投資ブームは、九五年から香港の中国返還のあった九七年頃まででした。現在のブームは中国のWTO加盟後の動きとして重要です。輸出入業務を中心とするものが多く、商社が再び動きはじめたことが注目に値します。同時に、蘇州地区への工場進出に伴う国内販売や蘇州の工場への部品の供給などを行う動きも増えています。今回の投資ブームではエレクトロニクス関連の事業での進出が目立っております。第一次の外高橋投資ブーム時にも、商社が企業進出をリードしましたが、今回のブームでも商社の活動が目立っています。

日本の商社は、一九九〇年代の中頃から外高橋保税区にいったん進出したもののあまりにも行動範囲の制限を受けたため、九〇年代後半にかけて活動を縮小した経緯があります。ここにきて上海浦東地区への投資が再び伸びているのは、ＷＴＯ加盟と販売活動の開放政策の発表で日本企業のこの地区への投資についての確信の水準が再び上がっていることを示すものです。

上海浦東地区は、経済発展の著しい上海市が優遇施策を講じ、プロモートしている特別地区ですので、自ら世界の注目を集めています。外高橋保税区は、中国の保税区のなかで最も規模が大きく、貿易、保税倉庫、保税加工などの活動ができる総合的な区域ですので、日本企業も自信をもって進出できる稀有の存在です。二〇〇二年の日本企業の上海浦東地区第二次投資ブームで日本企業の中国進出に拍車がかかっています。

上海の銀行が台北向け直接Ｌ／Ｃ開設

これは、二〇〇二年八月の最初の金曜日、中国での報道です。香港でも報じられましたが中国語のみの報道であり、英語の報道はありませんでした。台湾での報道は五日遅れの八月七日でした。日本では報道はなかったと思います。中国銀行の上海支店が台湾の顧客向けにダイレクトにＬ／Ｃを開設したというのです。台湾側の通知銀行、ベネフィシアリーは台北にある澳新銀行の台北支店といいますからオーストラリアニュージーランド銀行の台北支店です。決済金額は米ドルで一〇〇万ドルちょっとですから日本円で一億二千万円くらいでしょう。

従来であれば、中国の台湾顧客向けのＬ／Ｃは香港の銀行に対して開かれ、香港の銀行が台湾にある銀行に対して開きなおすというプロセスをとっていました。ちょうど上海から台北に戻る台湾企業の社員が上海から香港までを中国系の航空会社の飛行機で飛び、香港で台湾系航空会社の飛行機に乗り換えて台北まで飛ぶことに似ています。通信の世界ではインターネットでどこでもつながっていますが、飛行機とか銀行などではまだまだ物理的にもこういうチャネルが存在しているのです。決済の世界で、例えば上海と台北が香港などを経由しないでダイレクトにつながるというのは、これまでの台湾と中国大陸との貿易とその決済を考えると画期的な変化といえます。

調べてみますと、中国側の銀行は、中国の国有銀行である中国銀行に加えて工商銀行と建設銀行などが信用状の開設が出来る銀行です。台湾の通知銀行は今のところでは外資系の銀行の台北支店です。オーストラリアニュージーランド銀行、ドイツ銀行、シティーバンク、香港上海銀行などの台北支店です。まだ外資系の銀行との取引をしていない台湾顧客もいると思いますし、今のところ中国側の銀行は従来の慣習に従って香港の銀行経由で決済をしているケースもあると思いますが、このあたりは時間がたてば変わってきます。何といっても香港などの第三国における銀行手数料がかからなくなることが大きく、これからは中国側の銀行と台湾側の銀行が直接決済のほうに移ることが予想されます。

今回の報道において中国と台湾ではビジネス決済で両岸がダイレクトにつながることを大きな進歩と評価しています。これに対してこれまで台湾、中国のビジネスからミドルマン的な利益を享受してきた香港にしてみれば、時代の流れが大きく変わろうとしているので、これで香港の役割がまたひとつ消えていくと報じています。これまで「時の利」、「地の利」によって繁栄を築いてきた香港ですが、足元の香港離れの勢いは止まりません。ひとつ、またひとつと「上海」と「台北」が直接結びつく局面が増えています。

台湾、香港そして中国本土を含めたグレーター・チャイナ経済圏での商流が確実に変化しています。

蘇州——新しい町の建設

地方政府が企業誘致を行い、企業立地が行われる。古い町が新しく発展する、もしくは全く新しい町が生まれて成長する。一九七〇年代のイギリスがそうでした。特に米系のコンピュータメーカーや半導体企業がスコットランドに進出しました。スコットランド、アイルランド、ウェールズなどが企業誘致活動に熱を入れ、日本企業も七〇年代中ごろからイギリスに生産移転を開始しました。工場が建設され、住宅、学校、ショッピングセンター、病院などが次々に建設され、新しい町が形成されていったのです。その当時、エディンバラ近くのリビングストン市やロンドン北部のミルトンキーンズなどはイギリスでも代表的なニュータウンでした。中国では、三〇年前のイギリスのように、地方政府が激しい誘致合戦をしている訳ではありませんが、世界の代表的な企業がどんどん生産活動をシフトします。特に上海近辺、江蘇省への進出が多いのです。蘇州市はそのなかでも代表格の都市です。蘇州市郊外の二つの工業団地、昆山、呉江などの工業地帯を擁し、大きく飛躍しています。

二〇〇一年の秋、蘇州市郊外の工業団地でエレクトロニクス関連の工場の開所式があり出席しました。蘇州市は本体の人口が一一〇万人であるのに対して周辺人口が四六〇万人、グレーター蘇州の人口は五七〇万人と周辺地域が急拡大をしています。五年前であればこのあたりは企業もまばらでした。半年単位で町の様子が変わるというのは本当です。

ＡＰＥＣ終了後の上海で夕食を済まし、八時半頃ある工業団地のなかのホテルにチェックインしました。私の予想をはるかに越え、なかなか結構な環境です。金鶏湖という湖の辺に建てられたファイブスターのホテルです。湖畔の宿といった感じの、本当に格好の良いホテルです。ちなみに英語が通じます。

翌朝はいつものように六時半起床、朝七時から八時までホテルの周りを散歩しました。バラの小道を歩きます。こぎれいな林ができあがっています。人口のものです。木の一本、一本に番号札がつけられています。まだ朝七時過ぎなのに大勢の人たちが忙しそうに公園造成の工事を行っています。散歩の道すがら眺めただけのことですが、気持の良い街の形ができあがっており、「あぁ、この町は造られつつあるのだ」と感銘を覚えました。

何もないところに町が出現する。かつての香港もそうでしたし、お隣の深圳もそうです。広大な面積を誇る中国大陸ですが、ここ江蘇省蘇州市では工場建設の槌音が響き渡り、新しい街並みが増えつづけます。ニュータウンの建設は社会的に極めて前向きの現象で、新しい市場が創出され、新しいビジネスが生まれます。人々に夢と希望を与えるのが町の建設です。

一―五　北京、他

北京のハイテク志向

中国最大のパソコン企業である聯想集団（Legend Group）の二〇〇〇年の国内市場シェアはついに二九％、第二位の北大方正（Founder）が九％、そのあとがＩＢＭやＨＰ（ヒューレット・パッカード）という展開です。中国のパソコン市場では中国企業二社で中国市場の四〇％近くを保有しています。聯想集団は、中国科学院の人が設立、北大方正は北京大学が母体です。二〇〇一年四月、聯想集団の社長交代がありました。楊元慶氏は三七歳で前の社長からほぼ二〇歳若返りました。聯想集団については、次章で詳述しますが、中国パソコン企業の勝利はマーケティングと販売の勝利です。徹底した市場セグメンテーションとそれに基づくソフト対応等があり、このあたりは米系企業の追随を許しません。販売主導で市場シェアの拡大を実現した中国企業の大手が北京を本拠地としていることは、政府系機関や大学を母体として新しい産業が生まれていることを示しています。

移動体通信の分野も大きく変化しており、近年、中国の対応も力強くなりました。数年前であれば、政府の通信研究所が中心で、水準もそれほどではなかったのですが、ここのところ設計関連の企業が増えています。政府の電子工業部が母体のものもありますが、最近では輪が広がっており、アメリカなどからエンジニアの人材が「里帰り」をしています。北京で携帯電話関連のソリューション・プロバイダーを訪問したことがあります。会話は英語、しかも流暢なアメリカ英語です。また、香港時代に付き合いのあったドットコム企業の中国人幹部は米国パスポートの所持者です。中国の首都北京はハイテク志向で大きく変わろうとしています。

中関村（Zhongguancun）というところがあります。工科系の大学の雄、清華大学、パソコンのトップ企業、聯想集団本社も近くにあります。『ニューズウィーク』（国際版）の「世界の新しい文化のメッカ」（「The World's New Culture Meccas」二〇〇二年九月二日号）で新しい世紀に入って、注目される「創意に富んだ場所」として八都市が選ばれていますが、北京の中関村はそのなかの一つです。「ハイテクインキュベーター」（High-Tech Incubator）のサブタイトルがつけられており、「未来のビルゲイツが生まれるか？」と書かれました。この町には、多くのベンチャー企業群が集まり、熱気にあふれています。私が香港に移った直後、一九九六年初頭はまだ東京の秋葉原電気街のような感じの場所にすぎませんでした。最近ではシリコンバレーのように次から次へと新しい企業が生まれています。そのなかには清華大学、北京大学のような大学の部門が起こしたものも少なくありません。企業家精神旺盛な青年が自然発生的な形でこの地域に移り、会社を起こしていました。政府による特別区指定と、恩典の付与が企業進出を後押ししました。二〇〇一年の政府統計によると、外資企業が毎日一社の割合で設立されたとのことです。

北京の郊外に北京経済技術開発区というとてつもなく大規模の工業団地が完成しました。規模の大きさについては、実際に見ないと分からないと思います。ＧＳＭタイプの携帯電話分野で世界最大のシェアを誇るフィンランドのノキア社の新しい工場があります。近くにはこの工場に材料や部品を供給するメーカーが工場を建設しており、「携帯電話村」の感があります。

　マーケティング志向で成長を続ける企業家群、草の根運動の如く増え続ける新しい企業、壮大な構想で世界の企業の誘致を図る政府。北京で新しい時代の息吹を感じます。

研究開発、流れは北京

　一九九五年前後から、米系の情報関連企業は、北京に研究所を設立してきました。ＩＢＭ、インテル、マイクロソフト、ＨＰなどです。多くの場合、これらの企業の会長、社長が北京を訪問したことが設立の発端になっています。このようなケースにおいては、基本的なソフトウェアの研究開発や中国語ソフトウェアの開発に重点がおかれており、極めて質の高いＩＴ人材が採用されています。北京の清華大学などがこういう人材の供給源の一つです。中国では大学のビジネスへの関心度が極めて高く、緊密な関係をつくることが大切で、米系の情報関連企業は大学との連携を実によく行っています。

　最近、研究開発及び設計の領域で活動の中心を北京に移す会社が増えています。特に、通信関連ではほとんどの有数多国籍企業が北京に居を構えました。旧郵電部のお膝元である北京、どこの国でも通信は国家産業です。中国市場の大きな潜在性に刺激され、近未来の市場における主導権を確保するねらいもあって、北京における研究開発活動の本格化につながっています。将来ビジネスの足場固めという意味合いがあるのです。欧州の通信関連企業は殆ど北京周辺に移りました。ノキア北京の中国有力大学との合作プロジェクトも実を結びつつあります。エリクソンは開発本部を南京から北京に移動。フランスのシュランベルジャーは開発の拠点を香港から北京に移し、アジア市場向けのＩＣカード（ＧＳＭタイプの携帯電話及び銀行カード用）の開発は北京で行っています。シュランベルジャーのケースは、中国の研究開発拠点が目標とする市場が中国だけではなくてアジア地域へと広がっていることを物語るものです。ちなみに、日本企業でもＮＥＣや松下が通信関連を中心として北京地区の開発及び設計の拠点を強化しています。概して、日本企業の取り組みは小規模であり、研究よりも開発、設計に重点がおかれています。

どこの国でもある程度言えることですが、研究開発に従事する人たちは住みやすい環境を好みます。北京地区がとみに抜きん出た存在になりつつあることは大変興味深いことです。この地域は優秀なエンジニアを大切にしているのでしょう。上海、北京、深圳などで技術面での熾烈な競争が続いています。私の見るところでは「勝負あった」の感があります。特に、エレクトロニクスの研究開発について主要企業の北京シフトに拍車がかかっているように思います。

青島と綿陽

地理的な位置はおうおうにして企業の精神的な存立基盤の形成にも影響を与えるのではないかと

も思えるケースとして青島と綿陽という二つの市、ハイアール、長虹という二つの企業を取り上げます。

山東省の青島市、一九世紀末から二〇世紀の初頭にかけてドイツの租借地であったこの地区は戦前二度にわたって日本軍の占領下に置かれたこともあり、また青島ビールなどの名前が有名なので日本人にもよく知られている町です。海の青さと何となくあか抜けた街並みが目の中に入ると、「ああ青島に来たのだ」と思います。青島市は海爾（ハイアール）という中国ナンバーワンの総合電器メーカとこれまた伸び盛りの海信（ハイセンス）という会社の本拠地としても有名です。どちらの会社も「海」という名詞を会社の名前につけています。私の印象としては「海」という言葉に表されますように外に向かって開かれた感じがする会社です。ハイアール（Haier）は一九八四年に青島市の電気冷蔵庫の会社を前身として誕生、一〇数年の間に世界に冠たる家電メーカーとして成長した中国でトップクラスの会社です。前身の組織の建て直しからハイアールをここまで大きくしてきた張瑞敏さんは、品質、アフターサービスなど顧客サービスを前面に押し出した経営手腕と輸出、海外生産などでの国際性の発揮でアメリカをはじめ世界のビジネス界の注目を集めています。青島の海のイメージとあいまってさわやかな国際性を感じます。

四川省綿陽市にも何度か足を踏み入れました。香港から四川省の省都である成都（チェンドゥ）までの飛行機便はまだ本数も少なくかなり不便です。成都から綿陽までは山道を車で二時間です（二〇〇一年春に綿陽に念願の飛行場が開港しました）。この町に入りホテルのロビーでビールなどを飲んでいますと長虹（チャンホン）とプリントされたシャツなどを着た人を大勢見かけます。四川長虹電器で働いている人なのでしょうか。四川長虹の前身である四川省長虹機械は一九七〇年代の中期からテレビの分野に進出し、四川長虹電器は八八年に設立されています。日本の大手家電メーカとの技術提携によってカラーテレビなどの販売ではトップの地位にあります。代表者は倪（ニイ）潤峰。彼は、中国共産党の「中央候補委員」といって共産党の序列でかなり上位にいる人で、日経アジア賞を受賞されたことから日本でもかなり有名な方です。仕事一筋の方ですが大変ワンマンであるとの印象です。

四川長虹は一時カラーテレビで四割近いシェアを誇っていたことがあります。こういう時期にシェアを一気に増大させるのだとばかりに秋口にカラーブラウン管などの主要部品の買占め、大増産をかけたことがあります。結果はさんざん。在庫の山となり倪さんご自身が旧正月開けに全国の販売店まわりに奔走したということもありました。このような山奥の本拠地で高いシェアを獲得していますと、自分が世の中を動かせるという間違った観念にとりつかれ、強引とも思えるマーケティングに走ることにもなります。

海と山、青島と綿陽、ハイアールと長虹、張瑞敏と倪潤峰。偶然といえばそれまでですが、地理的な環境が企業精神とその行動様式に関係があるのではないかとも思わせるケースです。

第2章　ビジネス機軸の転換

――「工場」から「商場」へ――

Business Direction Change

— From “Factory” to “Market” place —

上海市街地商業地区の賑わい

二―一　成長する中国企業

中国電子関連主要企業の動向

北京の信息産業部は、一九九八年にＩＴ時代に対応するために電子工業部と郵電工業部が合体してできた中央政府組織です。信息産業部が、電子工業関連企業トップ各社の企業業績とランキングの発表を行っています。二〇〇一年の中国電子工業関連企業一〇〇社の売上、収益、輸出及び研究開発費についての数字と分析です（「第一六届電子信息百強企業排序掲曉」）。中国エレクトロニクス産業の動向理解のために上位二〇社について概況をみておきたいと思います（表4）。

トップ一〇〇社の売上は、四九八〇億元で中国全体の電子関連業界全体の六一％を占め、対前年比では一二％増加しました。上位一〇社の売上は業界の三五％を占めました。トップ企業のビジネス分野を見ると、従来の家電企業が上位を占めていた時代から、情報通信関連企業が上位に入る時代へと、中国電子産業も大きな変化を遂げつつあります。会社の所有形態別の内訳は、国有ないし政府過半出資企業が五九社、集団民営企業が三一社、残りの一〇社が中外合弁企業（中方過半出資）となっています。上位企業の売上の比率が堅実な傾向を持続させるなかで、新しい企業群がランキングに登場しているのも中国の特徴です。特に、コンピュータソフトウェア関連の企業の躍進が目

表4　中国電子関連企業上位20社（2001年の実績）　（単位：万元）

No.	企業名	売上高	利益額	輸出額	研究開発費
1	中国普天信息産業集団公司	6,424,782	264,383	1,453,258	61,326
2	海爾集団公司	6,025,556	200,799	350,311	398,000
3	聯想控股（有）	3,287,658	140,535	114,951	96,146
4	上海広電（集団）（有）	3,000,961	155,386	953,003	130,000
5	熊猫電子集団（有）	2,120,500	97,296	377,054	18,653
6	TCL集団（有）	2,111,196	71,481	584,941	58,600
7	華為技術（有）	1,622,895	265,437	99,873	304,963
8	海信集団（有）	1,615,733	29,961	52,393	16,353
9	上海貝爾（有）	1,510,107	198,425	128,691	79,329
10	北京北大方正集団公司	1,166,297	24,490	18,989	50,559
11	深圳市中興通訊股份（有）	1,092,614	79,720	35,314	112,978
12	四川長虹電器股份（有）	1,061,763	10,495	86,030	35,630
13	大連大顕集団（有）	728,235	25,842	392,483	10,086
14	彩虹集団公司	669,351	29,530	91,376	8,560
15	蘇州孔雀電器集団（有）	577,945	21,405	266,710	11,220
16	厦門華僑電子企業（有）	577,762	2,800	48,054	7,400
17	深圳華強集団（有）	557,243	13,043	495,809	19,200
18	北京東方科技集団股份公司	548,174	12,312	103,531	6,681
19	清華同方股份（有）	522,835	46,019	3,778	12,589
20	浪潮集団（有）	510,327	8,325	23,649	13,912

（資料）中華人民共和国信息産業部，同部のウェブサイトから（http://www.mii.gov.cn/mii/index.html）

立ちます。

トップは前年に続いて中国普天信息産業集団で売上高は六四二億元（約九三〇〇億円）です。この会社は一九八〇年に郵電工業部が設立したもので、通信関連全般を手がけています。大きな売上になっているのは、北京の携帯電話の雄、ノキアやエリクソンとの合弁企業の売上が入っていることに起因しています。「実力」ではない、というと言い過ぎかもしれませんが、注記しておきます。二位の海爾集団は中国家電メーカーの雄で、二〇〇一年の売上は六〇二億元。海爾集団は、ハイアール（Haier）として世界中に名前が知られています。三位の聯想集団は一九八四年に中国科学院が設立したパソコン企業で、二〇〇一年の売上は三二九億元です。レジェンド（Legend）として香港株式市場にも上場し、近年は活動の幅が広がっています。

同じ信息産業部の発表資料から主要製品別に上位企業を挙げておきます。売上数量は同じく二〇〇一年のものです。量産規模が大きく、中国市場の大きさをうかがわせます。

カラーテレビ：ＴＣＬ　六一三万台、長虹　六〇〇万台、パソコン：聯想　二八四万台、北大方正　一五四万台、電子交換機：上海貝爾　一七三七万回線、華為　一六五九万回線、電話機：ＴＣＬ　五八〇万台、徳賽　三三七万台、移動電話機：中国普天　二八九六万台、上海広電　九八一万台、カラーブラウン管：彩虹　七七一万本、上海広電　五〇三万本。

（注）中国普天と上海広電の携帯電話売上台数が大きいのは、前者はノキアとエリクソン、後者はシーメンスとの政策的パートナーになっているためです。

二〇〇一年の収益は対前年比で六％減少しましたが、世界的なＩＴ不況のことを考えると、中国企業はその国内市場での活動を通して利益を確保していることが分かります。上位二〇社の輸出比率は平均で一五・九％と上昇中。研究開発費の売上に占める比率は上位二〇社の平均では四・一％ですが、通信機メーカー華為は一八・八％、中興が一〇・三％と成長途上の通信関連企業の研究開発投資は極めて前向きなものになっています。中興は上海で研究開発拠点の拡張を行っており、新技術の開発による今後の飛躍が期待されます。

中国電子関連企業で確実に成長を遂げていて、注目される大手の会社は次の各社です。海爾、聯想、TCL、華為、海信、北大方正、中興などです。このなかで広東省の雄ともいうべきTCLはこれまでのカラーテレビなどを軸とする家電製品に加えて、最近新規参入したGSM対応の携帯電話が大きく伸び、急成長中です。聯想集団は、パソコン中心の事業からPDAなどの情報端末、携帯電話そして情報サービス分野への多角化を図っており、持ち前のマーケティング志向による新規ビジネスの拡大に期待がかかります。また、中国企業の輸出が大幅に伸びており、海爾、TCLなどの国際展開に注目しています。

中国電子関連企業の実力

順調に成長を遂げている中国の電子産業です。ここでその特徴と実力についての私の考えをまとめておきたいと思います。産業や企業の実力という言い方自体が実体を正確に捉えた概念ではなく、私の理解を示すにとどめます。

中国における家電産業の歴史は、海爾集団の前身の冷蔵庫会社設立が一九八四年であったことを考えると、まだ二〇年にもなりません。日本の電子産業は、その重点を民生、家電分野から情報、通信分野へと転換してきましたが、中国の電子産業の場合には、欧米の多国製企業が中国に活動をシフトしたこともあって、早め早めの構造転換になっています。中国ではローエンドの民生、家電ビジネスにおける圧倒的なコスト力の確立とパソコン、電話などの情報、通信分野の台頭プロセスがパラレルに進行しています。

私はこれまで、中国企業の人々と実際の仕事でお付き合いをしてきましたが、その実力はどうかということになると複雑な気持になります。例えば、エアコンでも、インバーター制御になると技術サポートだけでは電子部品の販売を完結させるのが難しく、技術提携に発展することもあります。同じインバーター制御のエアコンでも、A／C電源は大丈夫だがD／Cタイプでは難しいなどという話になります。中国一流企業が「トータル・ソリューション」というときは技術提携や「上げ膳、据え膳」を期待していることが多いと思います。デスクトップPCはできても、ノートPCは台湾企業につくってもらう、GSMタイプの電話は韓国企業で製造したものに自分のブランドをつけて出荷する、等々です。一方で、アメリカ帰りのエンジニアの話が出てきますのでどうしてもジャーナリスティックな面が表面に出がちですが、現状を正しく理解しておくことが重要です。

中国の電子産業における企業の発展段階的な類型について私なりに考えてみました。まだ「これだ」という理解に到達できません。日本貿易振興会の鬼塚義弘氏の分類が的を射ていると思われますのでここで引用します（香港での勉強会、「馬凮会」における同氏のレジュメ「中国企業の実力と対応策」二〇〇一年四月）。

第一段階	先行企業の製品を模倣する段階またはそれ以前の段階（開発、製造に手をつけ	乗用車、携帯電話、ノートPC キーデバイス

	れない状態）。	
第二段階	先行企業の技術支援を受け生産可能な段階、一部製品は海外市場に輸出可。	DVD、デスクトップPC他
第三段階	自社で開発、生産が可能な段階、海外にも輸出。	テレビ、冷蔵庫、洗濯機、電子レンジ音響、エアコン他

マクロ的に見て、一般の家電分野は第三段階に入っています。表現は悪いかもしれませんが、どこにでもあるような家電製品では中国製のコスト力は際立っています。海爾（Haier）などは小型冷蔵庫で対米輸出を増やしていますし、エアコンでも輸出が目立ってきました。

デスクトップパソコンでは、聯想集団と北大方正の中国企業の両雄がシェアの一位と二位を占め、三位以下を大きく引き離しています。自社製のものとOEM供給を受けたものの両方がありますが、いずれもよく売れています。なお、上記の分類でノートPCは発展段階類型の第一段階に入れられており、マクロ的にはまだ正しいと思いますが、状況は少しずつ変わっています。

携帯電話（移動体電話）は第一段階にあります。海爾、TCL、波導（バード）など数社を超える参入が見られます。一部のローエンド機種を除いては韓国、台湾メーカのOEMビジネスとしてスタートしています。自社開発での市場参入は難しいので、販売面の強みを生かしたアプローチといえます。

電子部品を含めたキーデバイスは基本的に第一段階にあります。ＣＰＵ、各種メモリー、システムＬＳＩ、ＴＦＴ表示素子、プロジェクションチューブ、ＶＣＤ用の光ピックアップ、インバータエアコン用のコンプレッサーなど枚挙にいとまがありません。ＤＶＤ、エアコンなどは中国製の牙城ですが、日本企業が光ピックアップやコンプレッサーを売って、最終製品で負けてしまったことは皮肉です。

中国企業も、他の国の企業と同じように、いくつもの発展段階を経て成長しています。事業に対する気迫、良い製品をつくりあげる製造力と徹底した低コストを実現する力は、他の追随を許さない状況にあります。国内市場における販売面の優位性と合わせて考えると、中国市場に参入しようとする者にとって検討すべき多くの課題があります。

中国半導体設計会社の動向

先端技術分野である半導体の中国投資がはじまっています。前章で触れたファンダリービジネスのＳＭＩＣ（中芯国際集成電路製造）とＧＳＭＣ（上海宏力半導体製造）の二社は大規模な投資で、台湾資本の中国との共生をねらった動きとして極めて重要です。これらの企業における先端プロセスの量産技術と生産の立ち上げに関連して、海外の先端企業との交流がはじまる、と同時に国内でも現地の設計会社との対話も生まれ、新しいビジネスの潮流となっています。

米国のあるエレクトロニクス誌の調査結果（EE Times　China IC Design Survey: 2002, February 2002)

をもとに、中国における半導体設計会社の動向について整理してみたいと思います。この報告書はEE Times中国社が、二〇〇二年の一月に中国の半導体設計に従事している会社、機関二四三社に質問表を送付し、回答した一〇〇社の調査結果を分析したものです。この実態調査によって、現在の中国における半導体の設計会社がどのような活動を行い、どういう問題に直面しているのかが把握できます。また、今後の活動の展開についてもある程度は予測可能です。

前述しましたように、中国におけるキーデバイスは「第一段階」にあり、開発に手がつけられない段階にあると位置づけました。しかしながら「第一段階」のなかでも新しい動きが出ており、このような先端技術分野での活動の現状を理解しておくことは大変重要です。一〇〇社の設計会社からのフィードバックをもとに平均的な姿を描き出すと次のようになります。

❶ 投資の金額は米ドルで一〇〇万ドル以下が五三%であり、この段階では小規模のオペレーションが多いが五〇〇万ドル以上の投資金額の会社も一七%存在している点にも注目しておきたい。資金は自己が三四%、次いで政府二五%、外資一二%、ベンチャーキャピタル一一%となっている。

❷ 従業員は一〇〇人以下が七三%、五〇〇人以上は七%。

❸ 設計関連の売上は二〇〇一年で米ドル一〇〇万ドル以下の会社が五〇%、一〇〇〇万ドル以上が七%。

❹アプリケーション分野別にみると電話等通信関連が四二%と最も大きい。次いで民生三四%、産業一〇%、情報八%と続いている。今後の活動領域については五二%の会社が通信分野をあげている。

❺プロセスについてはデジタル回路の場合、C-MOSで〇・二五から〇・五ミクロンが三四%、〇・五から一・五ミクロンは二九%、〇・二五ミクロンもしくはこれ以下が二〇%と続いている。アナログでは〇・五から一・五ミクロンが五〇%を占める。

❻製品的にはASIC（Application Specific IC）が二〇%、マイコンが一九%、次いでビデオ関連一二%、DSP／PLD一二%、電源関連八%、高周波七%となっている。今後の設計領域ではビデオ関連が三〇%、マイコンが二八%、DSP／PLDが二三%。

❼設計会社のロケーションは上海、北京及び深圳地区が多い。

私は、香港在勤時に中国の半導体関連のシステムハウス、ソリューションプロバイダーを含む設計会社をよく訪問しました。前身は政府の研究所や大学の研究室というケースが多かったと思います。彼らに共通にみられ、また、上記のEE Times誌の調査でもみられる共通の特徴は、新しい技術分野に取り組むひたむきさということです。様々な方法で新しい技術を導入し、自分たちの設計能力の向上を追い求めます。日本の企業もかつてこういう時期を通りました。なお、政府と産業界と大学が一体となって研究開発に取り組んでいることも特徴です。

中国政府は、今後とも半導体開発関連の研究活動に資金援助を行う、と同時に開発区を増やしたり、ベンチャービジネスの起業を支援したりすると思います。開発装置の償却制度見直しや知的所有権保護の制度見直しにも力を入れ、設計ビジネスに従事する人たちにより良い環境を整備して行くことでしょう。

今後の展開にとって注目すべきことは、台湾系の半導体企業、設計会社がどのように中国ビジネスとかかわりあっていくかということです。この動きは冒頭で述べた台湾系のシリコンファウンダリーが中国大陸に新しい転地を求めながら活動を展開していることとあわせ、半導体の設計関連分野での活動を占ううえで大変重要なことです。ここ二、三年、パソコン分野における台湾企業の中国シフトが展開されてきましたが、今後は半導体の設計分野での大陸進出が行われると考えます。

中国流販売主導ビジネスの強みと弱み

前掲の「中国電子関連企業の実力」で標準化製品の分野における中国企業の「強さ」と、少しハイエンドになると「上げ膳、据え膳」でないと製品ができない中国企業の「弱さ」について触れました。「本当に力があるのかないのか分からない」と言っているうちに、一定のハードルをクリアして、次のフェーズに入る中国企業です。したたかというか、何とも形容のしようのない強さを持っているように思えます。日本の新聞で「中関村、中国のシリコンバレー」などという記事ばかり読んでいますと、中国の先端技術分野での追い上げの凄さだけが強調されます。ジャーナリズムの観点からは、中国企業の製造関係分野での強さから、技術開発面での追い上げに焦点があてられることになりますが、最近のマスコミの論調は中国企業の技術関連で多少買いかぶりの様相を呈しています。

最近の電子関連製品で幾つかの例をあげておきます。一つはノートPCです。本当にどこまで中国の国産企業がノートPCの開発、設計の力を持っているのかは明確ではありませんが、実態は台湾企業のOEM製品を自社のブランドで販売しているケースが多かったと思います。GSMタイプ対応の携帯電話もしかり。特にテレビメーカーであるTCLやKonkaがどこまでGSMの携帯電話を自分のものにしているのかについては少々疑問です。最近、この分野に参入したTCLは、OEM購入による販売に加えて、フランス系の企業から設計の基本的なプラットフォームを購入し、自社製品の製造も行ってきました。二〇〇二年の前半の販売が飛躍的に伸びたので、今後は自社の生産能力を大幅に増強するそうです。聯想集団（Legend Group）についても同じことが言えます。二〇〇一年の春、この会社の北京本社を訪問し、PDAや携帯電話の話をしたことがあります。その時点では、まだ携帯電話ついては、上海に技術部門を設置したばかりで、技術者が集まらないという程度の話でした。これは道のりが遠いぞ、と思っていると、二〇〇二年なかばに聯想は福建省のXocecoの買収を行い、一気に携帯電話分野での地位の向上をはかったのです。

とにもかくにもOEMなどで新しい分野に参入する。台湾及び韓国企業から買い叩いて輸入し、販売する。一、二年たつと自分のものにする。こういう過程を繰り返しながら、少しずつ対象製品の多角化を図る。これが私の理解している中国流のやり方です。こういう方法で製品のシェアが拡大できるのは、彼らが販売面で圧倒的に優位性を誇っているからだと思います。聯想、海爾、ＴＣＬ、Konkaなどは外資系の企業にはない販売面の強さがあります。日本企業は、こういう強さの中身は何であるのかを充分理解することが大切です。販売主導のビジネスが中国ローカル企業の強みだと思います。「販売が価値を生み出す」という経営手法の強さがあります。

他方で、中国企業の「強み」と「弱み」は紙一重と思わせる企業の体質があります。「近視眼的な事業関心」と「行け行けドンドン」の企業体質が微妙に組み合わされると、独特の中国流ビジネス世界が登場します。「これはいける」という分野が現れると、みんなが同じ思考パターンになり、設備投資は「いけそうな分野」に集中します。エレクトロニクスの領域でみると、歴史的にいくつかの不幸な局面を経験してきました。カラーテレビの過剰設備、ビデオディスク乱売、エアコンの大量在庫などの問題です。投射型のカラーテレビも、「おいしそうだ」とみるとみんながドッと押し寄せます。重要なことは、ターゲットになる製品分野の存在が前提ということです。二〇〇二年時点では、携帯電話がこういう存在になり、多くの家電企業が生産能力を増強しています。こういう動きに警戒感を表明する識者も出ています。

私は、これまで何度も修羅場を潜り抜け、したたかに生き残る中国企業をみていると、思わず中国流の特異性を感じます。中国企業は、販売主導ビジネスの光と影の交差を見ながら、前進しているようです。

二―二　聯想集団――「商場」志向の事業展開の勝利

中国パソコン市場の成長

パソコンの登場は一九七〇年代末のアメリカにはじまり、ビジネスとしての本格化は、八一年のIBM―PC発売からですから、まだ二〇年ちょっとの歴史です。八三、八四年にかけ世界中でパソコンブームとなりました。「我こそはシェア一〇%を獲得する」というメーカーがどっと押し寄せ、基幹部品のDRAM（Dynamic Random Access Memory）の工場乱立となり、八五年には需給のバランスが崩れて半導体企業が大幅赤字になったことは、まるで昨日の出来事のようです。あれからもう一七年が経っていますが、歳月の経過で需給バランスの読み方が改善することもなく、「饗宴」と「飢饉」のサイクルを繰り返す形となり、日本企業においてはDRAM事業が半導体ビジネスの視野から消えてしまった感すらあります。

パソコンは、マイクロソフトのOSとあいまって、あっという間に世界を席捲しました。日本におけるビジネスの本格化は九〇年代に入ってから、文章作成、表計算、プレゼンテーション資料の作成の領域からスタートし、メールの導入移行の目覚しい発展はご承知のとおりです。中国では、一九九〇年代初頭の黎明期を経て、ようやく九〇年代中頃からビジネスとしての本格化の時期に入

表5　中国PC市場の推移　（単位：万台）

年	1997	1998	1999	2000	2001
中国国内市場	303	393	494	721	948

（資料）IDC社データ．

りました。この時期は聯想集団の創立者、柳傳志がその右腕の青年ビジネスマン、楊元慶を大いに用いて事業の拡大の端緒をつかんだ時期でもあります。九四年にはＩＢＭが長城計算機との合弁で深圳市にパソコン工場を設立し、外資企業としては中国ではじめてのパソコン生産を開始しています。

中国のパソコン市場についてはあまり多くのデータはありません。表5の数字は米国の調査会社ＩＤＣが発表しているものです。中国の政府関連の機関ＣＣＩＤ（China Center of Information Industry Development）が発表している数字は、二〇〇二年で一〇〇〇万台、二〇〇一年は八二〇万台ですので、ＩＤＣの数字の方が大きめですが、ここではＩＤＣの資料をベースに議論を進めます。

ＩＤＣのデータによれば、二〇〇〇年の中国パソコン市場の構成は、ビジネス分野が五九％、家庭用が三二％、ノートＰＣが七％、サーバーは二％となっています。アメリカのパソコン市場は、四〇〇〇万台を超えて、断トツの大きさを誇っていますが、中国も一〇〇〇万台規模の市場になっており、日本の地位が中国に明け渡され、中国が世界で二番目の市場になるのも時間の問題です。まだデスクトップＰＣが主流の中国ですが、最近では聯想集団、ＩＢＭ、デルコンピュータのノート型パソコンも増えています。

ＷＴＯに加盟した中国で、政府、企業、学校等で業務改革や効率の改善のため、もっとパソコンが使われる時代に入っていきます。最近の統計ではインターネット人口が四六〇〇万人、しかも急速に増大中ということです。一週間の平均使用時間が八時間を超えているということで、中国のパソコンはインターネット人口の増大とあいまって、これからも普及し続け、世界のエレクトロニクス関連企業の熱い視線を受け続けることでしょう。

黎明期の聯想集団

前節で中国のパソコン市場のおおまかな動向を見てきました。都市部でのパソコンの普及率が一〇%以下の状態であるといわれていますので、今後は大きな伸びが期待できるパソコン市場です。米系の大手企業が猛烈な勢いで投資を強化しているなかで、中国最大のパソコン企業である聯想電脳（Legend Computer）をその傘下に置き、業容を拡大中の聯想集団有限公司（通称、Legend Group 以下聯想集団と記す）についてその成長の軌跡をながめておきたいと思います。

聯想集団の前身は中国科学院の中に設立されたコンピュータ関係の組織です。一九八四年秋といいますから、アメリカではＩＢＭやアップルなどがパソコンで業績を拡大していた時期でした。世界的にもパソコンビジネスへの参入が相次ぎ、世界各地でパソコン工場の建設が行われていた頃のことです。聯想集団の二〇〇一年度の年次報告書によると、創立者である柳傳志が科学院から工面した資本金は二〇万元といいますから日本円で三〇〇万円弱です。中国パソコンビジネスの黎明期、柳傳志が率いるチームの努力で独自の中国語入力システムが開発され、その後のビジネスの初期的な立ち上げにつながっていきました。如何に生え抜きのエンジニアとはいえ、経営面のシステム構築はこの段階における聯想集団にとって大きな課題であったに違いありません。初期段階においては、アメリカのAST Researchの総代理店もしていましたので、海外の企業から販売の基本的な組み立て方を含めて多くのことを学んだことでしょう。

一九八〇年代末から九〇年代の初期にかけて聯想の"Legend"ブランドのデスクトップ型パソコンはほぼ順調に売上を伸ばしました。しかしながら、九三年ともなるとＩＢＭ、コンパックなどの米系大手企業が輸入機投入で本格的に市場参入、九四年にはＩＢＭが深圳市に長城計算機との合弁会社を設立、中国生産を立ち上げるなど中国での市場競争は本格化の様相を呈していました。この頃、創立者、柳傳志の右腕の楊元慶が前面に登場します。楊元慶の強みはマーケティングです。彼のビジネスの進め方については、初期段階で見せた思い切ったディスカウント戦術のように派手な側面が目立つようですが、私の見るところでは、楊元慶の真骨頂は、(一)パソコン市場の徹底した細分化、いわゆるマーケット・セグメンテーションとそれに基づく機種の投入、(二)自社による直販販売網の整備、そして(三)アフターサービス体制の構築、(四)徹底したブランド志向によるビジネスの多角化戦略の追求などにあると思います。こういう点についてあらためて論じます。

聯想集団のビジネス拡大

聯想集団のパソコンの販売台数は、楊元慶が販売面を中心に体制を整備し始めた一九九七年に五

表6　聯想集団パソコン販売台数及び中国市場シェアの推移（単位：万台，%）

	1996	1997	1998	1999	2000
販売台数	23	46	79	147	262
国内市場シェア	6.9	10.7	14.4	21.5	28.9

（資料）聯想集団発表データ（2001年）より作成．

〇万台弱で国内市場シェア一〇%、直接販売網構築のさきがけの年となった九八年には約八〇万台を販売し、シェア一五%近くまで業績を伸ばしました。二〇〇〇年のパソコン販売台数は二六〇万台でシェアは二九%と第二位以下を大きく引き離した形になりました。

私が一九九九年に深圳のＩＢＭのパソコン会社を訪問した時、アメリカの代表者が「聯想がとても強い」と語っていました。実はこのあたりを解明することが、これから日本企業が中国で成功するかどうかのポイントとつながるのです。この点については次の小論で考察します。

一九九八年以降の聯想集団のパソコン企業としての発展は目覚しいものがありました。同社の年次報告書によってこのあたりを見ます。二〇〇二年度の売上は、二〇九億香港ドルといいますから、約三二〇〇億円、収益は一一億香港ドル、約一六五億円です。〇一年六月に聯想集団は傘下の神州数馬、Digital Chinaというシステム・インテグレーション関係の会社を分離上場させました。一九九八年から二〇〇一年までの数値はDigital Chinaを傘下に入れていたことに関する償却費を含む実績です。いわゆるプロフォーマ会計処理（Pro Forma Accountingは、企業買収などの一時的費用は株価に影響を与えるべきでないという理由で、業績を調整する会計方式として認められているもの）でこのあたりの要因を除いたものが備考欄に入っ

表７　聯想集団の業績推移（単位：MHK$／年、３月決算）

	1997 / 3	1998 / 3	1999 / 3	2000 / 3	2001 / 3	2002 / 3
売上高	2,841	5,871	11,634	17,450	27,219	20,853
EBITDA	57	194	385	603	971	1,009
償却等諸費用	32	172	673	658	768	－89
営業損益	25	22	－288	－55	203	1,097
税引き前損益	－51	－67	－334	－93	163	1,081

表８　プロフォーマ決算（備考欄）との比較（単位：MHK$／年）

年度	2000	2001	伸率（%）
売上高			
実際	27,219	20,853	-23.3
備考	18,665	19,267	3.2
EBITDA			
実際	971	1,009	3.9
備考	740	973	31.5
配当対象損益			
実際	114	1,045	816.7
備考	718	1,026	42.9

（資料）「聯想集団年次報告書」（2000，2001 年度）．
（注）EBITDA（金利・税金・償却前利益）

ています。聯想集団の対外的な業績発表はすべてプロフォーマの数字に基づいています。なお、神州数馬は、低価格帯のパソコン販売を担当するなど聯想集団がやらない部分を担当し、「棲み分け」対応ができているようです。

二〇〇二年四～六月期の業績は、売上が対前年同期比六・四％増の四八億香港ドル、損益は二億六八〇〇万香港ドルで、対前年同期比一五・三％と増加しました。パソコン販売台数は対前年同期比で一〇％増、新しいところでは新規に参入したＧＳＭタイプの携帯電話ビジネスはほぼ順調に伸びています。なお、楊元慶総裁は、最近、中国のＷＴＯ加盟後の企業改革や学校教育の改革などでＩＴ機器が高度に活用されることがパソコンなどの市場を更に拡大させると述べています。二〇〇二年のパソコン販売をみると、再び企業向けの伸びが大きくなってきました。また、「校校通」という中国内の小学校をインターネットでつなぐ教育プロジェクトのような公のプログラムでは圧倒的な強みを発揮し、この分野におけるシェアは二〇〇二年時点で三〇%近いと言われています。

マーケティング、「商場」論の勝利

聯想集団のパソコン事業の特徴は、何といっても楊元慶さんのマーケティングの基本に忠実なビジネスの組み立てにあります。中国市場と顧客の特徴にこだわり、「商場」としての中国を視野に据えたアプローチには天性のものがあると思われるほど見事です。香港勤務時の最後の聯想訪問は二〇〇一年五月、楊さんが総裁に就任した直後のことでした。打ち合わせの後、私は本社ビルのなかにある展示センターに案内されました。パソコン関係のドキュメントや展示品がマーケティングの教科書に出てくるように市場分野別になっていることに驚きました。

聯想集団の年次報告書の叙述が、ビジネスＩＴとコンシューマーＩＴに分けられていることも目を引きますが、実際のビジネスの企画、製品開発そして販売はもう少し細かな市場セグメント別になっているのです。まず、パソコンの市場はビジネスと家庭／個人に分かれます。聯想のアプローチは、家庭／個人のセグメントが更にジュニア、学生、家庭の主婦そしてシニア層など意味のある需要層ごとに分けられ、こういう需要分野別にパソコンビジネスが企画され、設計され、製品が生み出され、販売されているということです。マーケティングの領域ではMarket Segmentation, 日本

語では市場細分化といいます。楊さんがこういう仕事の進め方をどこで学ばれたのかは分かりませんが、全体の活動を、顧客や市場というところから組み立て、引っ張っていかれているところが素晴らしいと思います。

聯想集団パソコン事業成功の要因の二番目は自前の直接的な販売ということです。通常のアプローチは、既存の代理店網に乗って販売するということです。新しいビジネスに参入する場合を考えてみますと、時間とお金のリソースの配分は研究、開発と具体的な機種の設計、生産に傾斜するのが普通であり、販売などは後回しとなるケースが実際には多いのです。また、新しい国の市場に輸出などで進出する場合にも代理店契約などを皮切りにするのが通常のやり方であり、例えばＩＢＭも中国参入初期は、米系のIngram Micro、シンガポール系のＰＣ1-ＳＬＲと中国地場の和光集団などを販売チャネルとして使うことからスタートしました。

聯想集団も初期段階では、もちろん第三者による販売を行っていました。家庭用、個人向けにパソコンを投入した一九九七年頃から自前の販売チャネルの構築に力を注ぎました。そして、この努力が九八年の「聯想1＋1専売店」（Legend 1＋1 Home PC Specialty Shop）の構築として実を結びました。九八年八月末、聯想集団は、北京、上海と広州で「聯想1＋1専売店」六店舗がパソコンの販売とサポートをはじめたと発表しました。お膝元の北京が三店舗、上海で二店舗そして広州で一店舗です。直接的な販売チャネルの導入により、パソコンのアプリケーション面でユーザーをサポートし、顧客のニーズを直接的に把握しようとしたのです。

表9　聯想集団ホーム PC 専売店販売網

（1＋1　専門販売店，2002年5月時点）

地域	専売店数	地域	専売店数	地域	専売店数
北京	15	江蘇	15（蘇州 4）	四川	15（成都 9）
天津	12	浙江	15（杭州 9）	貴州	6（貴陽 6）
上海	15	安徽	6（合肥 5）	雲南	7（昆明 7）
重慶	7	福建	15（厦門 9）	陝西	14（西安 11）
黒龍江	15（哈爾 9）	河南	15（武漢 6）	寧夏	5（銀川 5）
吉林	9（長春 6）	湖北	15（南昌 7）	甘粛	8（蘭州 6）
遼寧	15（大連 7）	江西	12	青海	1
内蒙古	6	広東	15（深圳 6）	新疆	7（ウルムチ 6）
山東	15（済南 6）	湖南	10（長沙 7）		
河北	15（石家庄 8）	広西	14（南寧 7）		
山西	13（太原 11）	海南島	4（海口 4）		

（資料）聯想集団ホームページから作成（2002年5月）．

このような自前の販売努力の試みが功を奏し、実際に九八年頃から聯想集団のパソコンの販売台数とそのシェアは急速な拡大を見せました。中国全土で三七〇〇を超えるといわれている代理店、これに「1＋1専売店」という自家販売群が加わり、聯想のパソコン事業はマーケティング面での強さもあり、聯想集団のパソコン販売は飛躍的に成長を遂げました。スタート時点で北京、上海、広州地区の六店舗であった「1＋1専売店」は二〇〇二年五月時点では家庭／個人向けということに限ってみても三三〇店舗を超えています。参考のため、この時点での主要都市、主要地域におけるお店の数を聯想のホームページからまとめてみました。

最近、米国のデルコンピュータの快進撃が続いています。中国でもインターネット販売を軸としたダイレクトマーケティング手法が用いられており、聯想集団とはまた違ったアプローチが功を奏しています。これからの中国におけるパソコン販売は、企業の直接的な販売努力の質と量が試される時期に入っています。「工場から商場への潮流」という大きな流れに乗った顧客志向のビジネスが大切です。聯想集団のパソコン事業の成功はこういう発想が重要であることを如実に物語るものです。

聯想集団の新たな挑戦

聯想集団のビジネスは、中国という市場、具体的には、より細分化された各需要家層のニーズ把握の上に組み立てられています。私は、楊元慶総裁の天性的なマーケティング志向が企業として具現化されている点を極めて高く評価しています。基本は消費者のニーズに合う製品を企画し、開発、生産し、販売するということです。

前述した二〇〇一年春の訪問時に、楊総裁に、台湾のパソコン企業が大挙して上海、蘇州地区に進出している点について質問をしたことがあります。彼のコメントは「利用可能な生産能力が身近にできた」というもので、あっけらかんとした答えでした。中国に生産拠点をシフトする台湾企業を利用可能な「工場」として捉えている。現に、蘇州地区に進出している台湾企業も、聯想向けのOEMビジネスの実現をターゲットにしていますので、共存、共栄となります。蘇州地区の台湾パソコン企業が聯想の「工場」になり、聯想の販売チームが「商場」での活動を展開する、という図式が一層現実味を帯びている今日この頃です。

聯想集団は、パソコン以外の事業分野として、携帯電話について注力しています。特にGSM対応の電話については、二〇〇二年二月の廈華集団（Xoceco）との合弁契約の締結に至り、更に六月には聯想の比率を八〇％にまで引き上げることに成功しています。この時点で、聯想ブランドの携帯電話の品揃えも一気に増大しました。〇一年の中国における携帯電話市場は四五〇〇万台を超えました。フィンランドのノキア社（北京、東莞）、ドイツのシーメンス（上海）、オランダのフィリップス（深圳）、アメリカのモトローラ（天津）など多くの有数企業が中国に大工場を構え、量産出荷を行っています。日本勢では、松下通信工業（北京）、NEC（武漢）などが参入しています。

これまで外資企業の強さが目立つ展開でしたが、昨年あたりから中国ローカルが少しずつシェアを伸ばしています。厦門のXocecoとの合弁によってビジネスに参入した聯想集団が持ち前の販売網とサービスによってどこまでシェアが伸ばせるかに期待がかかります。二〇〇二年四～六月期の携帯電話の販売台数は一六万台で急拡大をはじめ、初期段階における新規ビジネス参入は順調のようです。

パソコン企業としての地位を確立し、押しも押されもせぬ中国の看板企業になった聯想集団です。パソコン企業からの脱皮を目指し、大きく伸びている携帯電話で新しい事業の柱を立てようとしています。また、これまで遅れていた企業情報システム分野での取り組みを強化するため、米国のオラクル社とサンマイクロ社との提携にもこぎつけました。パソコンから携帯電話への事業の多角化と情報システム分野への進出などにより、聯想集団は新しい挑戦を続けています。聯想集団は、広大な中国市場の開拓の方法をよく理解しています。この意味で、聯想集団のアプローチは、販売主導の企業活動であり、中国ビジネスを「工場」という観点からではなく、「商場」という視点から組み立てており、感動すら覚えます。

二―三　海爾集団――「商場」と品質へのこだわり

急成長を遂げる海爾集団

海爾集団（Haier）の歴史は、一九八四年の一二月、張瑞敏が工場長として青島冷蔵庫総工場に送り込まれた時にはじまりました。この時期の荒廃状況から這い上がり、史上初の「金賞」を受賞したのが一九八八年の秋です。九三年七月に社名が青島冷蔵庫から青島海爾冷蔵庫に変わりました。その後の海爾集団の発展は目覚しく、一〇年足らずの間に世界的に有名な家電メーカーとして成長し、二〇〇一年の中国エレクトロニクス関連企業の売上高ランキングで中国普天信息産業公司についで第二位のポジションにあります（前述「中国電子関連企業の動向」）。売上金額は六〇二億人民元ですから約八七〇〇億円です。前身の組織の建て直しからハイアールをここまで大きくしてきた張瑞敏は、「品質、アフターサービスへのこだわり」を社是にしたと言ってよいほど、顧客の信頼ということを考えて海爾集団を顧客志向の企業にしてきました。

青島市の東風電機はドイツのLiberhaier社からの技術導入で冷蔵庫事業をはじめましたが、満足な製品もつくれず、赤字の累積で工場は荒廃の極地、ここに工場長として赴任したのが三〇代半ばの張瑞敏、モノづくりの基本から工場経営を立て直したのは有名です。ドイツ側から中国人にはまともなモノはつくれないなどと揶揄され、大変悔しい思いをしながらモノづくりに徹した初期の日々。張さんの素晴らしいのは「品質が命」ということを工場生産の精神的な支柱にしたということです。品質へのこだわりで顧客の信頼に応える、こういう考え方を基本に黎明期の海爾集団冷蔵庫工場の立ち上げがありました。品質重視の現場精神はそのまま顧客のニーズを大切にするという「市場志向のビジネス」展開とつながることになり、その後の家電分野での多角化と海外志向のなかでも基本概念として脈々と流れることになります。

最近の企業業績は表10のとおりです。この段階になっても家電分野の企業で売上がこれほど高い伸びを示せるのも珍しいと思います。また、利益が二〇〇一年で四二億元（約六〇〇億円）、売上高利益率が七%というのも好業績です。

なお、二〇〇二年の夏が予想外の冷夏であったために、中国エアコン企業各社は大量の在庫をかかえることになりました。中国の家電製品については、流通段階での統計数値がはっきりしていないので、確かなところは分かりませんが、業界筋の見方では、中国企業全体のこの年のエアコン在庫は六~七〇〇万台、あるいはそれ以上とも言われています。海爾集団の同年の業績は在庫の問題の影響を受けることになります。海爾集団の市場志向は、（一）顧客ニーズの把握から事業を組み立てるという顧客志向の「強さ」と、（二）市場変動把握における「弱さ」の両面を内包した特徴的構造になっています。後者の克服は海爾集団に限らず、中国エレクトロニクス関連企業の大きな課題です。

主要製品の中国での市場シェアは冷蔵庫三一％、エアコン二六％、洗濯機三一％などといずれも首位を走っています。また、二〇〇一年の輸出金額は四億二千万米ドルといわれております（新華社）。約五〇〇億円の輸出は、中国の家電メーカとしては最も大きな金額であり、国際的な企業として大きくはばたこうとしていることが分かります。

海爾、中国企業の挑戦

海爾集団はこれまでの企業の発展段階を三つに分けています。創業の一九八四年末から九一年までの七年が「ブランド確立期」、九二年から九八年までの七年が「多角化の時期」、そして九八年以降が「国際化の時期」です。高品質とアフターサービスの両面で抜群の名声を獲得した海爾集団のブランドは中国内で圧倒的な知名度を誇るようになり、次々と新しい家電製品分野に進出して行きます。冷蔵庫、エアコン、洗濯機、テレビ、そして近年は携帯電話製品分野へも進出することになりました。家電分野での多角化は、主として技術提携契約による技術導入をベースとして実現しました。GSM対応の携帯電話ビジネスは、韓国メーカー等からのOEM供給を受けた形ではじめ、その後、基本的なプラットフォームをソリューション供給者から買うことで次第に力をつけています。

家電製品分野で王国を築き上げた海爾集団が、圧倒的に高いブランド力と販売

表10　海爾集団の業績推移（単位：億元）

年	2000	2001
売上高	406	602
税引前利益	30	42

（資料）海爾集団ホームページ他に基づき作成．

力、アフターサービス力を武器に携帯電話事業に参入するのは上手い方法だと思います。携帯電話分野では自社で製品の開発を行うことが大変難しいのですが、幸いに世の中には基本的なプラットフォームについての技術的解決策の提供を商売にしている企業があり、海爾に限らずTCL、Konkaなど中国の家電メーカーでこの携帯電話市場に参入をした企業はすべて欧米のシステム会社から基本技術を購買することで事業化をしています。ちなみに、こういう分野ではデンマークのShima, 英国のSendo, フランスのWacecom, 米国のConnexantなどが有名です。携帯電話ビジネスは現在のGSMタイプ、少しずつ中国でも出てきているCDMAタイプ、インターネット接続サービスとの結合等々次第に難しい局面に入っています。このようななかで海爾集団のビジネス展開に注目したいと思います。

二〇〇〇年の輸出が二億八千万米ドル、〇一年が四億二千万米ドルと足元で大きく国際事業の業容を拡大している海爾集団です。〇二年に入るやいなや日本の三洋電機とのビジネス提携を発表、三洋は中国で海爾の販売チャネルの活用を行い、海爾集団は日本での販売で三洋と協力するというものです。早速、大阪に三洋ハイアール株式会社が設立され（出資比率三洋六〇%、海爾集団四〇%）、冷蔵庫、洗濯機、ワインクーラーなどの国内販売を開始しました。この提携発表の一ヵ月後に海爾は更に台湾の声宝（Sampo）との「相互乗り入れ提携」の発表を行っており、提携路線で国際ビジネスの新局面を開こうとしています。同じ年の夏には韓国の三星社のトップが張瑞敏氏を訪問するなどパートナリングの強化が模索されています。

海爾集団の学習意欲は極めて高く、これまで各国の先端企業から研究開発、製造、人事管理など経営の諸分野の経営手法を取り入れてきています。とにかく直向でハングリー精神にあふれています。幾つかの重要な視点のなかでも「顧客志向」と「グローバル志向」が車の両輪のように思えます。「ハイアールは海だ」は張さんの言葉です。中国山東省の青島から世界の海原に向けた航海は新しいフェーズに入りました。

二—四　新しいビジネス展開の機軸——「商場」志向ビジネス

「工場」から「商場」へ

台湾の人からみると、中国は不思議な磁性であらゆるものを引きつける——工場が移転され、これにともない銀行、学校、レストラン、お医者さんも中国に吸い寄せられます。何も大陸に出たくて出ているのではありません。パソコン産業でのサバイバルがかかっているのです。情報通信分野での競争環境は、あらゆる企業に中国シフトを迫っているかのような今日この頃です。欧米系の企業、韓国企業そして日本企業においても中国へのビジネス移転に拍車がかかっています。これまで中国ビジネスの玄関として多くの成功者を輩出した香港でもこの都市のあり方、再構築の方向を模索する試みが始まっています。それぞれの国、それぞれの企業で「中国へ」の大きな流れが存在します。

中国進出については、それぞれの企業により、また、企業の個別事業部門が取り扱っている製品により、そしてその部門の実力によっても様々な状況が存在します。生産基地を中国に移し、ここから世界に向けて輸出するというのも重要ですし、企業進出を海外の国の市場や顧客に近いところから組み立てる発想に立てば、市場の開拓が中心課題になります。

「はじめに」のなかで「商場」について簡単に述べましたが、「商場」という言葉は日本語ではありません。繰り返しになりますが、大切な概念なので、再度触れておきます。中国語の「商場」という言葉は、(一)マーケット、市場、(二)百貨店、(三)市況、商況を意味します（前出『中日大辞典』大修館書店)。中国の街にいくと「XX商場」と書かれた看板を見ることがありますが、これは「XXショッピングセンター」のことです。「商いの場所」、「モノを売ったり、買ったりするところ」ということになります。一方で、「工場」というのは、日本語であって中国語では「工廠」となります。「工場」は「工員が集まって製作に従事する所」（角川書店『国語辞典』）です。

日本の商社などに勤務している人は別でしょうが、およそ日本の企業では「商」より「工」が優位の企業文化、企業風土があったのではないかと思います。「工」という世界はモノづくりの世界であり、研究、開発や設計などもモノづくりのためにありました。国内的な構造的景気低迷と世界的な企業間競争で、日本企業全体にビジネス停滞傾向が蔓延しています。日本の企業もすっかり自信を失っており、それぞれが参入しているビジネス分野を見直し、事業部門の統廃合、他社との合弁事業運営の模索などの努力を続けています。

例えば、分社化ということです。分社化は、企業のなかの事業部門が本体から分かれて一つの会社になることですが、この動きのなかでこれまで何とか相対的な独自性を維持してきた「商」の世界が「工」的基礎環境のなかに埋没しつつあります。分社化された組織の長は従来の概念で言えば事業部長ですので、事業部長のもとに組織が一本化されます。日本企業の販売部門は、営業管掌役員の傘下で営業本部としてある程度の独自性と発言権を確保してきただけに、分社化にともない、変容を強いられ、徐々に力を失い、顧客や市場に立脚した活動展開が弱くなっています。

日本企業の海外ビジネスの関心事が欧米からアジアに移り、近年では「世界の工場」とも言われる中国が熱い視線をあびています。日本企業における中国ビジネス計画は、まだ「工場」的な観点から策定されており、市場や顧客などの「商場」要因について語られることが少ないのが特徴です。「工場」としての中国で製造をやり抜くことは重要なことですが、私は、中国を「商場」として捉えたビジネスを視野に入れることで、企業の中国事業は厚みを増し、質的な向上につながると考えています。従来の中国進出では、「工場」を出し、モノをつくることそれ自体にある程度の価値がありましたが、世界各国の列強の進出が相次ぐ状況のもとにおいては、もはや普通のことを普通にやっていたのでは勝てません。「商場」としての中国という認識をもちながら、事業をレベルアップしていくことで中国進出企業として活動の厚みが増し、仕事の仕組みや業務の進め方が改善されるのだと思います。

本章では中国の電子工業分野における中国企業の成長とその力について分析を加えてきました。パソコンの聯想集団、家電大手の海爾集団のように、これまで成長を遂げている会社においては、販売の機構や仕組みが大変しっかりしていて、顧客の立場に立った仕事をしているために成功しているのだと思います。顧客対応をよく理解しているから、ＯＥＭ製品の販売でも「売り勝てる」のです。聯想集団や海爾集団の販売について更に掘り下げて研究することが大切だと考えています。

特に市場の特徴をよく分析し、市場の欲する製品を投入すること、また、自前の販売網、アフターサービス網を確立することが如何に大切であるか。徹底した販売主導のビジネス、中国でも販売活動が価値を生み出すということをあらためて認識すると思います。世界中の企業の熱い視線を受け変わりゆく中国で今「工場」から「商場」に向かう流れがあります。「商場」としての中国をどう認識するかが日本企業の課題であり、私たちの課題でもあります。

「商場」志向ビジネスのために①――アジア市場と向き合う

中国だから「商場」が大切だという訳ではありません。市場や顧客から事業を考え、活動を組み立てることは大変基本的なことです。商場の考え方は地域の如何を問わず大切な事業の出発点です。しかしながら、理屈では分かっていても、このような形で実際のビジネスを展開することはなかなかできません。多くの日本企業は、日本の国内市場を意識したビジネスを構築することはできても、海外市場ともなると揺るがないプライオリティがつくまでには相当長い時間がかかります。

半導体、ディスプレイ素子、記憶デバイスなど電子部品ビジネスを例にとってみます。大方の日本企業においては、海外販売でも米国や欧州諸国でのビジネスについては先端市場ということ、そして大手の多国籍企業がお客であることが多いので、力の入れ方も大きくなります。アジアにおいても、欧米の多国籍企業が顧客である場合には、グローバルビジネスという観点からの仕事になりますので、欧米の販売組織と日本の本社が一体となって推進することになります。しかしながら、本物のアジアの地場顧客が対象になりますと、多少事情が異なります。このあたりはどこまでアジアの市場志向を事業の機軸に組み込めるか、という問題になります。「Volume Zone」（ローエンドであるが規模の大きな市場）とどう向き合うかが半導体など電子部品事業の場合には大きな課題となります。

これまで、東南アジア地域に進出した多くの半導体企業は、この地域の需要構造がローエンドであることへの対応に悩みました。私たちもかつて会議の場でいかにして「アジア市場適格化製品」の開発、生産を行うかということを何度も議論しました。「アジア市場適格化製品」は、言い換えれば、ローエンド製品ということです。日本の半導体企業では幾度となくアジア市場深耕作戦を試みますが、徹底したローエンドの大規模マーケットでの競争と向き合うことを避けるという企業の姿勢もあり、家電分野から次第に足が遠のいていった経緯があります。一九九〇年代のパソコン関連のビジネスにおいても、メモリモジュールの分野で徹底的な価格競争に苦しめられ、アジア商売にはプライオリティがつかなかったのです。このような歴史のなかで、半導体企業全般にボリューム市場から目をそらし、ハイエンドへ逃げる姿勢が身についたと思います。新しい世紀に入り、アジア市場の新しい旗手として中国が登場しています。これまでのアジアの世界に輪をかけて「早く」、「安く」のメッセージを発信し続ける中国顧客ですので、市場戦略をどうたてるかが大切です。中国の市場については、その規模の把握も重要ですが、日本企業がこれまでアジア市場で苦い経験をしてきているだけに、ポジショニングをどうするのかが大切です。

アジアで欧州企業が元気です。欧州系企業のアジア市場志向（政策）から学ぶべき点は多いと思います。中国で通信分野に強いシーメンス、アジア全域で家電、携帯電話、半導体分野で活躍しているフィリップス、半導体で大躍進のＳＴマイクロエレクトロニクス（以下ＳＴマイクロと記す）などです。こういう欧州系の企業群は地道なアジア市場志向を貫き通してきました。事業の軸足がぶらつかないことが、現在のアジアビジネスの成功をもたらしています。フィリップス半導体の売上高の地域別構成比は二〇〇一年でアジアが四五％、欧州が三〇％、アメリカが二五％（*Electronic Business Asia* 2001, 2）で、アジア地区での売上高ランキングは第六位です（ガートナー社調べ）。アジア地区での売上げのなかでは中国向けが最大で、分野別には、電話機などの通信分野とＤＶＤなどのデジタル家電分野で全体の六五％を占めるといいます。アジアで半導体のランキング第二位（ガートナー社調べ）のＳＴマイクロにおける売上高の地域別構成比は、アジア四四％、欧州二九％、アメリカ一五％、日本四％、その他八％となっています（二〇〇二年上半期データ、同社ウェブサイトより）。

ＳＧマイクロは、一九八七年にイタリアのＳＧＳとフランスのThomsonが合併して誕生した半導体企業で、本社はスイスのジュネーブにあります。二〇〇一年の半導体売上高ランキングで世界第三位になり、脚光を浴びています。特に、その顧客志向は有名で、ウェブサイトにも多くの顧客名が登場しています。営業出身のピストリオさんがＣＥＯ兼社長として指揮をとっているからです。日本の企業であれば、公式のウェブサイトにトップ顧客のリストを掲載しません（というか出来ないと思います）が、STマイクロにおいては、分野別のトップ顧客三〇社とEMS顧客四社の固有名詞のリストが掲げられています。「ここまでやるのか」という感じです。戦略的な顧客向けのセミカスタム製品を軸とした事業が組み立てられていますので、二〇〇一年のようにほとんどの半導体企業が大きな赤字を生み出していても、STマイクロ社は黒字をキープしていました。誠に稀有な存在です。

フィリップス、STマイクロともアジア市場志向が徹底しています。アジア市場志向、顧客志向の企業が半導体ビジネスで成功を収めていることに注目しています。一貫したアジア市場志向とビジネスモデルの構築で成果を収めてきた欧州企業は中国でも良い仕事をしています。このように考えると、「まずはアジア市場志向」が必要で、これがなければ中国志向にもなれません。アジアの「商場」と向き合う姿勢、日本企業も欧州系の多国籍企業のアジアビジネス展開から多くのことが学べると思います。

「商場」志向ビジネスのために②――基本は顧客からの発想

中国のWTO加盟は、同国の世界経済との一体化に向けた壮大なプログラムの幕開けを意味しており、中国は経済の自由化と産業分野での様々な活動についての開放を進めるために、従来の中国固有の経済、貿易、税務諸制度の改革の真っ最中です。従来、中国でビジネスを進めるうえで大きな問題であった制度的な透明度も改善され、より良い貿易環境、事業環境に移りつつあり、世界各国の企業及び事業家のビジネス確信は一気にあがっています。一方で、世界の経済、市場の低迷状況のなかで変わりゆく中国の存在だけが大きくクローズアップされている感があり、否が応でも中国におけるビジネス展開が経営上の大きな課題になります。

中国でのビジネス環境の大きな流れは「工場から商場へ」ということです。言うまでもなく変化は私たちにチャンスを与えてくれます。変化の時期をチャンスと捉えられるかどうかがスタンスの分れ目になります。中国を「商場」として認識できるかどうかは大切な課題です。攻めのビジネスができる事業体は中国を商いの場、「商場」として捉えられますが、コスト競争に追いまくられている組織は「工場」としての中国に最後の望みをつなごうとするはずです。現在の台湾企業の大陸シフトは「選択肢なし」の状況下での工場移転ですし、大方の日本企業の動きもこういう流れとほぼ同じです。誤解のないようにお願いしたいのですが、私は中国に工場移転をすることが良くないと言っていません。中国に事業の軸足を移動する時も、「工場」としての中国の捉え方だけではなく、「商場」としての中国認識をもつことが重要だということを申しあげたいのです。どんなに追い詰められた状況下の判断だとしても、海外進出に際しては頭のどこかに進出先の「商場」の認識がないと事業経験蓄積の過程に入れません。

どの企業も中国進出に際しては目標を設定します。中国で生産した製品を日本で売る、アメリカなどに輸出するということも重要な戦略です。しかしながら単なる輸出が目的であるならば、今流行りのＥＭＳを活用することだってできます。例えば、電子工業であればソレクトロン、セレスティカやフレクトロニクスなどの製造サービス拠点があるからです。進出先の市場を開拓することを目的に海外投資をし、様々な経験をしながら、その国の企業として深く定着していく、こういうことで企業は進出先の国に貢献しますし、また次の局面での活動展開につながり、国際的な活動の幅が広がります。中国を「商場」として捉えることなく製造工場としてのみ考えて展開したビジネスは質的な飛躍という点で制約があります。

ここで中国を「商場」として認識し、「商場」志向度を上げるための幾つかの方法について記しておきたいと思います。以下の項目は、通常の検討項目ですが、普通のことを実行するのが難しい今日であり、あえて箇条書きにします。実際には以下の諸点についての検討は、日本で行うのではなく、こういうプラニングそれ自体を中国の地で行うようにすべきです。思考回路の軸足を大陸へ移動するのです。上海や北京で生活しながら新しい事業の組み立てについて思いをめぐらせると、また違った考え方も生まれます。このような事業企画のプロセスを日本の本社が支援するようにすれば、大いなる前進が図られると思います。中国ビジネスに本気で取り組むために日本にある中国事業統括部門などを大陸にシフトしてしまいます。

❶ 中国の市場認識からスタートする。そのために市場調査を行う。

最近、アメリカのある半導体関連調査会社の人が戦略的なマーケティング、市場調査不在の動向に憤りを感じている論文を読んだことがあります。「アメリカ企業よ、お前もか」と思いました。状況を一般化することはできませんが、日本企業ではこういう傾向がもっと色濃く出ていても不思議ではありません。まして中国事業の話です。市場論、販売論がきちんと踏まえられているような状況にないことは察知できます。まずは市場の把握です。

❷　市場志向による事業計画の策定を行う。取り組みのスタンスは明確にしておく。

自分たちのやろうとしていることの位置づけを明確にしておく。ベンチャー企業的に隙間狙いの事業もありますが、あまり人がやっていないと思っているのは事業に参入しようとしている本人や会社だけということが多いので注意が必要です。人が頭で考えられる領域のことはほとんどといってよいほど誰かが既に行っています。中国でも同じことです。また、中国のみならず、アジア市場の特徴として、ローエンド志向ということがあります。何故、低価格製品市場になってしまうのかは分かりませんが、ほとんどのビジネス領域でこういう傾向を共有することになります。ローエンド市場の展開が、極めて速いテンポで進み、あまりにも厳しいのでつい目をそらしたくなりますが、創意、工夫と仲間とのチームワークで「商場」と向き合う姿勢が大切です。低価格製品市場と向き合うことが中国進出の試金石となります。

❸　顧客志向の目玉――あなたの顧客は誰ですか？

中国で商売をするといっても取り扱う商品によって対応は異なったものになります。最終顧客、すなわち一般のユーザーを対象とする消費財のビジネスと企業に部品、材料など生産財の販売をするのとでは活動の組み立ても変わってきます。中国は「世界の工場」ですからアメリカの企業もあればドイツの企業もあります。台湾企業、韓国企業の進出は大規模ですし、日本企業も生産シフトを続けています。電子部品の分野では中国のなかでフィンランドの企業や台湾の企業との付き合いをすることが日常になります。情報システムの販売では中国に進出している日系企業だけを対象にしても随分と大きな市場があります。

❹　良きパートナーの存在

この世の中自分たちだけでできることはあまり多くありません。関連業界で友人を増やしておきたいと思います。グレーター・チャイナという観点から台湾のパートナーや香港のパートナーとの付き合いが決め手になることが多いと思います。分野によってはこれまで培ってきた韓国企業との付き合いの成果が中国で花開くこともあります。

❺　販売インフラの充実

信頼できる人による内部組織の構築、販売代理店の開拓、物流、在庫関連の取り組み、人民元取引など決済機能の充実等販売関連の仕組みを日々強化します。こういう場面でも良きパートナーの存在が重要です。なお、販売インフラに関連して情報システムの構築が必要ですが、このあたりは実際にはほとんど後回しになる分野です。最近ではパッケージソフトなども出回っていますので、意図的に初期段階から使用することなどを心がけ、販売領域の可視化に努めることも「商場」志向度を高めてくれます。

❻　地域社会への貢献

日本企業の本社役員などが中国を訪問し、仕事だけを済ませてさっさと帰国するのに対して、欧米企業では仕事の後も本社役員のスケジュールに多少余裕をもたせておき、地域政府の役人たちと交流を深めているということがよく語られます。欧米大企業の余裕と片付けられない大切な問題を提起していると思います。ビジネス規模の大小は別として、自分たちが仕事をさせていただく地域のことを視野に入れた取り組みが大切です。

中国ビジネスにおいて、「工場」から「商場」への視点の転換は時代の流れに後押しされています。中国を「工場」として活用するだけではなくて、「商場」として認識し、戦略を立てることで私たちの中国ビジネスは新しい段階に入ります。

第 II 部

中国ビジネスの組み立て

――販売による価値の創造――

第3章　まずは香港ビジネスから

Enhancement of Hong Kong Business

九龍から香港島を望む

三―一　まずは香港ビジネスから

香港で腕を磨く

世界の多くの企業は香港をベースに中国大陸とのビジネスをはじめました。中国の窓口としての香港に本拠地を置き、香港と広東省の販売代理店などを使うことで本土の市場を開拓する、大半の企業がこういうアプローチを行ってきました。米系企業、欧州企業、台湾企業等多くの企業が香港から中国ビジネスを学んだうえで中国大陸に深く入り込む術を身につけたのです。

最近、中国大陸が世界の注目を集め、日本の新聞なども中国、中国と書きますし、上海の浦東の様子が大きく報道されますので上海詣でが続いています。しかしながら、エレクトロニクス関係の販売の仕事に携わっていますと、上海で実現可能なことはまだ限られていることに気づきます。制度上の制限が大きく、また人材面での制約もあって、販売の世界でいきなり上海スタートというのは難しいと思います。工場生産の分野だって同じです。上海、蘇州近辺で大型の投資を行っている台湾企業ですら、華南経済圏の活動から多くのことを学び、華東地区へシフトしていった歴史的過程があったことを忘れるべきではありません。台湾企業の中国大陸への軸足のシフトの上手さには定評がありますが、中国ビジネスの天才の台湾企業も華南地域でビジネスの基本を磨いた経験が基礎になっています。

中華人民共和国香港特別行政区、香港の正式名称です。東京都面積の半分のところに、六九〇万人が暮らしています。約一五〇年のイギリス支配の後、一九九七年七月一日に中国に返還されました。返還後五〇年間はこれまでの社会、政治、経済のシステムを維持することが前提での中国復帰です。オリンピックだって中国香港の名のもとに代表選手を送り込むことも出来ます。特別行政府の長官である董建華さんは極めて重要なポジションにある人です。全体から見ると北京中央政府あっての董長官ですが、それでも普通の省長や市長とは明確に違います。香港には「一国両制」を保障する憲法、「香港特別行政区基本法」があります。

香港の特徴は「括弧つきの都市国家」ということにあります。都市国家の特徴は極めて高度な自治の存在が前提で、自由な出入りと税金の安さなどに特徴があります。香港は、中国返還後もまだ都市国家としての良い面を維持しています。括弧つきとはいえ、香港人による自治が存在しますし、イギリス統治下で養われた抜群の国際性としたたかさがあります。法人所得税は一六%、個人所得税は最大でも一五%です。

香港の良い面を押さえたうえで活動を組み立てれば、香港はビジネスチャンスの宝庫となります。抜群の国際性、転んでもただでは起きない姿勢、足元で起きていることが重要という近視眼的なアプローチなど、活かすべき特性は多くあります。隙間を狙うチャレンジ精神と、パートナーとのネットワークができれば香港は素晴らしいビジネス空間を与えてくれます。ここで生活し、仕事をすることでアジア的な発想がはぐくまれます。

香港の最大の問題は経費の高さです。コスト面の厳しさに耐えかねて脱落していく企業が多いのも事実です。厳しい表現になりますが、少数精鋭の香港人スタッフにより、最大限のアウトプットを出す工夫と業務の改革がなければ、香港ビジネスは成り立たないことを肝に銘じておきたいと思います。香港の良いところを活用し、香港ビジネスを伸ばしていく。こういうことを念頭に中国大陸ビジネスを開拓します。

「輸入vs中国生産」と販売の旗振り

香港の事業環境のなかで利点と考えられるのは、国際的な市場で競争を勝ち抜くのに必要な人材ということです。ビジネス分野で見ますと、販売、サービス系、貿易系の領域では優れたローカル人材の確保がしやすいと思います。財務、法律関連の専門人材も豊富です。人材的には技術系、特に電子工業の最先端部門などになりますとエンジニアの採用には苦労が多いのですが、これは何も香港に限ったことではありません。台北でもシンガポールでもそして北京、上海などでも事情は同じです。

どこで中国販売の旗を振るのかについては製品分野によって対応がかわります。家電製品、オフィス関連機器及び業務用機器などの最終製品については、次のようなプロセスを経験することになります。輸入品で中国市場を開拓する時代は香港でマーケティングを行います。中国、例えば広東省で初期的な工場生産をはじめた場合でも香港を拠点にして旗が振れます。市場戦略と顧客開拓は統一的な視点からなされるべきであるからです。中国生産がはじまると販売を中国側の工場所在地に移してしまうケースもありますが、多少問題があります。初期段階では、工場で限られた製品しか生産しませんので、限られた市場情報しか集められません。中国での工場生産が大きな規模になり、輸入依存度が低くなった時に販売の軸足も大陸側に移るように販売活動を計画的に組織化できれば理想的です。

重要なことは、中国における生産拡大に呼応して本土で販売インフラと人材の強化を進められるかどうかです。代理店の発掘、ローカル人材の獲得と育成など重要な課題があります。中国の工場生産が中国企業との合弁である場合には、販売を中国側のパートナーが担うことが多いだけに、問題は複雑です。中国の事業展開については、企画立案をする日本の本社、販売担当の香港法人と中国に新たに創設される会社との間で共通の目標と基本的な仕事の進め方に関するプログラムをどこまで共有できるかがポイントになります。

また、輸入品販売で培ってきた香港、広東省ディーラーの販売経験をどこまで生かせるかも重要です。中国生産の本格化の段階で、香港ディーラーと広東省などの中国ディーラーが対立することはよくあることです。中国の工場が中国側の代理店をバックアップすることから、せっかくつくり上げた自前の販売網に亀裂が生じることもあります。香港の代理店が現代的なマーケティングに長けていることが多いだけにもったいない事例が散見されます。香港ベースでの販売の経験が中国本土での販売に活かされるような旗振りが必要です。中期的なビジネスの目標とそこに到達するプロセスの計画について日頃からよく話をしているかどうかという問題に帰着するだけに、日常の会話が重要になります。

バージョンアップの発想

アジア地域で仕事をするなかで、私はスピード感を一番重視しています。どのような仕事でも企画の段階から実施まで三ヶ月を一応の目処にしてきました。新しい販売拠点の構築と販売チャネルの整備、これらを取り巻く販売関連インフラの整備、技術サポート面でのインフラの充実と強化、在庫、物流面の強化、財務、経理業務の改善そしてこれらを支える情報システムの構築等々。こういう領域で何か新しい活動を行う時に、ある程度の基本構想ができ、法律面や税務面のチェックが終了していれば実行に移してしまう。不具合が出てくればその時直せばよい。

こういう発想がバージョンアップのアプローチです。ソフトウェアの開発は、バージョン一・〇からスタートし、一・一、一・二や二・〇に上げていきます。バグ（Bug　コンピューターのプログラム上の誤り）が多すぎて実用に適さなければ論外ですが、世の中で商品として使えるのであれば低いバージョンのものでも市場に投入する。こういうものの考え方が、実はアジアで仕事をする場合に大変実際的でかつ効果的です。これは拙速ということとは違います。

まずは始めることが大切です。日本と違って海外の会社にいると現地でかなりのことが決められますので、とにかく出来ることから実行してしまいます。決して悪意はありませんが、日本に話をもってゆくと、議論、議論の続出でなかなか話が進まないことの方が多いと思います。「日が暮れてしまう」ような感じがするのです。

もちろん実行に移すかどうかの判断の最後は常識的なものになります。以前、会社で財務、経理関連業務の改善のために大手の会社にコンサルティングをお願いしたことがあります。通常のアプローチはフェーズ1からフェーズ2に入り、その次が英語で言うとインプリメンテーション、改善の実行となります。私たちの場合にはフェーズ3まで進み、一応の成果を上げたのですが、日本の会社がクライアントの場合には、フェーズ1だけやってなかなか第二の段階に進まないケースも多いという話を聞きました。他方では、あまりにも有名なコンサルティング会社に仕事を依頼したために、対応の仕方も分からないまま、コンサルタントのアドバイスをほぼそのまま実行に移して大失敗をしたということもあるそうです。検討はてきぱきと行うのはもちろんです。しかしながら、最終的に実行に移す時の判断は極めて常識的なものになります。

ドンドン問題を見つけて仕事のやり方を変えていく。とにかく出来ることをやってみる。こういう仕事の進め方がアジア地域では大切ですし、香港、台湾、中国大陸で大いに有効です。

三—二　香港の企業の今

香港における日系企業の動向

香港の日系企業数は近年減少傾向を続けています。香港日本人倶楽部加盟の日系企業数は、香港の中国返還前、例えば一九九七年四月の統計を見ると六一一社でした。香港返還前後をピークとしてその後徐々に減少を続け、二〇〇一年一二月では四七六社となっています。会員企業数は、二〇〇〇年に一時的に下げ止まった感もあったのですが、まだ微減傾向が続いています。銀行、生命保険分野での企業の統合の影響も出ているのだと思います。

日本企業は、世界の各地域で多種多様にその企業活動を行っています。海外進出の形態別に見ると、製造業について言えば、発展段階的に次のようなプロセスをたどっています。第一の段階は、駐在員事務所の開設。商売はないが、商売に向けた企業活動の初期準備です。第二は、販売会社の設立。販売の目処が立ち、何とか販売で生業が立てられることを確認した上での行動です。三番目は、工場進出。現地での生産、販売を目指す。そして第四番の段階が、開発、設計、企画等の仕事での現地活動です。香港の特徴は、製造企業的な動きではなくて、販売行為を前提とした企業活動であり、製造関連は広東省に工場をおくケースが圧倒的に多いのです。

香港の日系企業数の全般的な減少傾向は、次のことを反映していると考えられます。その第一は、香港及び中国を狙って情報収集及び連絡のため開設された駐在員事務所が経費倒れで撤退を余儀なくされたということ。二番目に、デパート等卸売りの領域では、日系が開拓者的な存在でしたが、香港系、中国系資本の卸売り企業に押されてしまったこと。大丸、松坂屋、伊勢丹、ヤオハン等の撤退、東急のニューワールドへの身売りはまだ記憶に新しいところです。ローエンドで戦えるところは生き残れるのですが、いずれにせよ、撤退の理由は、香港のコスト高と競争環境の厳しさであるといえます。香港での会社設立は簡単ですし、法人税も一六％と安い。進出環境としては、申し分がありません。それにしても、香港の中国返還を前後として撤退傾向が顕著となったのはどういうことでしょうか。たまたま返還時期とぶつかったのですが、他方で日本のバブルがはじけ、企業改革の嵐がおき、このなかで海外拠点も見直されたのです。これに銀行などの統合化が拍車をかける形になっています。

香港の位置づけも微妙に変化しています。アジアの地域統括本部というようなオペレーションは減少し、もう少し小さな地域ユニットでの事業分野別オペレーションのほうに重点がシフトされています。焦点は中国ビジネスの開拓ということです。現在の香港拠点の役割は、香港地場市場の開拓ということが第一の目的、そして二点目は、中国における販売やサービスビジネスの統括だと思われます。上海などの拠点の強化は進めていても商売の面での決済はまだ香港ですし、特に大陸では人材確保の面で自信がもてませんので、ある程度の活動水準に到達するまでの間は香港を基地に大陸市場の開拓を行う企業が多いのです。そして、現在では、第I部で述べましたように、台湾、中国大陸を含めたグレーター・チャイナ地域での活動のコーディネーション基地としての役割が果たせるかどうかも重要な課題になっています。

これからは販売、サービスという分野でも直接中国進出ということも増えていくものと思われます。対中国を念頭に置いた仕事の組み立ては、試行錯誤の局面に入っています。しかしながら、これまで香港が築いてきたビジネスインフラは高く評価されますので、中国で直接ビジネスを構築する場合にも「香港モデル」は大いに有効です。

香港企業の中国ビジネス

香港企業は、これまでの歴史のなかで、対中国貿易の窓口としての機能を果たしてきました。このなかで、香港の地場企業は工場を中国大陸に移しました。広東省が生産移転先として最大の地区でした。一九七〇年代後半から八〇年代にかけて生産活動のシフトがほぼ完了しました。香港企業が強みを発揮した産業分野は軽工業であり、特に繊維やローエンドの電子機器がその中心でした。中国の改革、開放は華南地区から始まりましたが、目標を実現させようとする広東省の熱意とコストの低減を求める中小の香港企業の利害が一致し、このなかでいわゆる「広東方式」と言われるビジネスの形態が構築されました。

一九七〇年代から八〇年代にかけての中国の投資環境は極めて不透明であり、直接投資に踏み切るには勇気が必要でした。投資のリスクを最小限にとどめたいということもあり、委託加工貿易が香港ビジネスの中核概念として形成されました。中国の工場に香港側から設備を投入し、保税扱いの部品、材料を支給し、加工、組み立て後に香港に送り返すというビジネス形態です。華南地域の委託加工では、外国企業は、単に既存の生産工場に材料を支給し、生産を委託するだけでなく、多くの場合、労務上の管理までを含めた工場運営も行っている点に特徴があります。投資のコストが小さくてすみ、ビジネス撤退が簡単にできるという身軽さから、広東省の委託加工ビジネスはあっという間に香港企業に広まり、その後、台湾、日本、欧米の企業に採用されたのです。

香港貿易発展局が出版した「香港企業の中国投資に関する報告書」("Investment Environment in the Chinese Mainland", Hong Kong Trade Development Council, May 2000）は一三四四社の香港企業の投資行動、企業活動と今後の動向について分析しています。報告書の冒頭で、香港企業の資金投入プロジェクトが一八万件にのぼると書かれています。設立された企業の件数ではなく、香港資金がからんだ案件という形で報告の叙述がスタートしていること自体が香港企業の取り組みの特徴を示すものです。分析の対象になっている企業一三四四社（一六二一プロジェクト）の地域的な分布を見ると、広東省が七二%、揚子江周辺（上海、江蘇省、浙江省）が一四%となっていて、広東省が圧倒的に高い比率を示しています。広東省のなかでもいわゆる珠江デルタ地域での活動が中心です。基本的な志向性は、中国生産による世界各地への輸出で、中国市場の開拓は進出の目的に入っていませんでした。

北京中央政府による輸入及び輸入税の管理が強化されてきました。違法輸入の取り締まりは、年々強化され、摘発事例が新聞紙上をにぎわしました。そして、税務管理強化のための貿易手続きに時間がかかりました。また調査の対象になった場合は、しばらくはビジネス活動停止に近い状態となります。上記の調査でも、中国当局の貿易税務管理強化のために、調査対象の会社の四七％が深刻な影響を受けたと回答しています。香港と広東省の貿易取引については、広東省側の柔軟性の上に成り立ってきた経緯がありますので、広東省と中央政府の確執は今後も続くものと考えられます。

一九九五年に中国が加工貿易の領域ではじめて輸入関税のデポジットの制度を導入しました。この時はデポジットが「名目的な」もの（一〇〇元）でしたので影響はありませんでした。九九年に三五号文書（Document 35）を出し、委託加工貿易に参入する企業をその性格により四つに分類する、と同時に支給される部品、材料について一一の項目で制限を設けたことによって香港企業は大きな打撃をこうむりはじめています。

委託加工取引を行う場合にも、上記の制限への対応ということだけではなく、基礎的な部品や材料については、中国内で調達可能かどうかを調査し、材料支給のなかで中国産品の項目を増やすようにすべきです。中国製の部品、材料を採用することについては大いに不安があると思いますが、コスト削減の観点からも推進すべきことです。日本と中国の間に入って委託加工ビジネスの運営業務をおこなう香港拠点の重要な仕事です。最近、香港ＪＥＴＲＯ（日本貿易振興会）の主導で逆見本市のウェブ版などの新しい活動が出ており、中国で部品、材料を調達しようという大きな流れのなかでの動きとして注目しています。

香港が対中国ビジネスの窓口機能を独占するような時代ではなくなっており、そのなかで華南経済圏と香港の結びつきがいっそう重要になっています。二〇〇二年で香港は中国返還五年を迎えましたが、香港企業の成長に大きな問題が出ています。香港の地場企業がどのように巻き返しをするのか、香港政府、広東省政府がどのような活動をするのかを見守りたいと思います。

三―三　人を活かす

欧米流プラスということ

私は一九九五年の秋も終りの頃香港に赴任しました。米国滞在後間もない香港赴任だったので、「カリフォルニア五年という米国の香り」を色濃く持ち込んだ形で新天地への旅立ちをしました。「都市国家香港」への赴任です。「香港を堺の港にしたい」、仲間が集まってワイワイガヤガヤ言いながら毎日の仕事を行う――こういう場所にしたいと考えていました。エンカレッジ（Encourage励ます）ということはアメリカ流の職場対応です。会社の最前線で働いている若い人たちと話しがしたくてBreakfast Meeting（朝食会）などを試みましたが、反応は良くありませんでした。夜が遅く、朝に弱い香港人には朝食会は無理な企画でした。また、香港人は日本人の上司の前で本音を出すことはありません。「カリフォルニアとは随分違うぞ」と思いました。

香港赴任から数ヶ月がたち、若い香港人スタッフと直接話をしたり、電話、メールで仕事をお願いしたりすると大変喜ばれ、モラールが上がることも学びました。職位、職制を無視した仕事ですが、デジタル志向のなかでのアナログな部分です。欧米でも日本でもこういうことを意識的にやっている人もいるでしょう。浪花節のようにみえて実にグローバルなことです。

香港における職場環境は大変面白いと思います。欧米の多国籍企業に勤務した経験をもつ人が大半を占めるからです。エレクトロニクスの先端分野の仕事をしていると、香港では地場企業が育っていないので、多くの人は欧米系、日系などの外資企業で勤務することになります。したがって、香港人スタッフは、欧米系企業や日系企業の行動様式について「酸いも甘いも」知っていることが多いのです。会社の公用語はもちろん英語です。英語でやりとりをしていると、変なもので、香港人の仕草も欧米的な感じになります。これが曲者です。仕草は欧米的でも心は「香港的」なのです。デジタル志向とアナログ心情の混在、香港の職場環境下で日本の駐在員が毎日出会っていることです。

私は、香港の職場において香港人スタッフに接するなかで多くのことを学びました。欧米流のやり方にアジア的なものをプラスしていきますと気持ちが通い合い、スムーズに業務が進みます。上海の会社でも、北京の事務所でもそして韓国のソウルのお店でも基本は同じでした。「欧米流プラス」ということに多少自信を深めた次第です。

赴任者のマネージメント能力

アジア地域のビジネスの重要性は年々高まっており、特に、香港は中国市場への玄関口として大切な役割を果たしています。

したがって、この地区に赴任する人も、海外ビジネスで経験を積んだ人が必要とされます。赴任地域の如何を問わず、海外赴任者として最も重要なものは、多分、価値観の相違を乗り越えて対応できる能力です。多様性対応能力といってもよいのですが、国を越えた価値観の多様性を受け止める感性をもっているかどうかということです。日本社会で同じ日本人のなかで商売をしていてもコミュニケーション上多くの問題に直面するのに、香港という民族、言語、文化、生活習慣の異なる社会環境に入っていくのです。あたかも増幅器のなかで拡大されたかのような障壁と向かい合うこともあります。人はそれぞれ違った社会において異なる価値観で動いています。こういう領域における人の対応は、個人の考え方や価値観に大いに依存します。

一昔前の駐在者のなかには、「俺のやり方が唯一のやり方だ」とか「私のやり方が一番だ」と言ってローカルスタッフを指導した人が大勢いたそうです。違う世界観が見えていないのですが、こういうやり方で海外の職場で奮闘された世代の存在も今では語り草になっています。最近ではこういうタイプの人は減っています。価値の多様化を前提としている社会環境のもとでは、人の話をよく聞き、双方向で話のできる人が増えていると思います。「人はそれぞれ異なったものであるということを感謝して受け止める」、英語で言うと“Appreciate the difference”ということが重要です。私はカリフォルニア勤務時にこういう態度のとり方についてコンサルタントからのトレーニングを受けたことがあります。また、ロンドン、カリフォルニアそして香港と違った環境で生活した経験が役立って、価値観の違いに対しては、比較的オープンな態度がとれるようになりました。ここでオープンとは、「決めつけない」という意味です。カリフォルニアは異なる民族性をもつ人の集まりですから、自然と異文化を受け止めようという姿勢が出てきます。

日本人の身のこなしは、欧米にいる時と、アジア地域で勤務している時では多少違ったものになっています。アジアという地域を身近に感じていることがありますし、同じアジア人だという意識もあって一種の「甘え」があるのだと思います。私自身も、香港赴任後の三ヶ月間くらいは、「こんなに似ていてこんなに違う」ということを実感したものです。異なる文化環境のもとで会話を図りながらチームワークを組み立てていくことは決して簡単なことではありません。対話の姿勢と「違い」をも感謝の気持で受け止めることができれば、少しずつレベルが向上していきます。香港、中国の職場での仕事の進め方について自信がもてるようになり、まわりのローカルスタッフもついてきます。中国における会社のスタッフとの接し方も同じことで、違いを認識しながら、良いところを伸ばします。香港というところは、職場での異文化対応能力をつける場所としては最適の場所だと思います。香港で身につけた仕事のやり方は中国大陸進出時にも有効に活用できます。

上手な香港人スタッフの使い方

以前、香港をベースに人材派遣関連で仕事をされているGood Job Creations社のJames Yuさんによるセミナーに出たことがあります。そのなかで香港人マネージャーの側から見た日本人駐在者に期待する行動としてかなりの項目がアンケートによって抽出されています。セミナー資料をもとに香港人マネージャーが駐在員に期待する一二のマネージメント行動をそのまま記しておきます。

（1）対話を増やす、（2）家族的な人間関係を築く、（3）先入観なしに聞き話す、（4）公平に接する、（5）英語のマスター、（6）部下の置かれている状況や感情への気配り、（7）自己啓発機会を増やす、（8）良い仕事をほめる、（9）意思決定過程への参画、（10）目標達成にはインセンティブを、（11）最新情報の共有、（12）戦略目標の明示

私の経験によれば、コミュニケーションということが最も大切だと思います。何のための会話かということから考えてみますと、上記の一二項目のなかでは最後の二つが極めて重要です。すなわち、会社とか組織がどういう状況に置かれているのか、またどういう方向に向かって何をしようとしているのか、足元の活動課題はどういうものであるのかなどについて、ローカルのスタッフに問題意識を共有してもらうということです。このことによって、同じ目的に向かって行動を進めるということが可能になります。私の場合は、自分が今何を考えているのかについていろいろな機会を捉えて話をし続けることにしていました。みんなにどういう仕事をやってもらいたいのかを月初めの会議などで話していましたので、職場のスタッフからみると、「あの人は何時も同じことを言っている」と思われていたのかも知れません。

私は、米国カリフォルニア滞在時にアメリカ人のスタッフが私の仕事の仕方についてどう思っているかの「査定」を受けた経験があります。「部下による上司の査定」です。無記名による査定調書がコンサルティング会社宛に郵送され、「査定」結果がコンサルタントの手で分析されます。私は後でコンサルタントからの指導を受けることになりました。私の場合には「指示をもっと明確な

形でして欲しい」、「何をすべきなのかもっと明確に言って欲しい」ということがコメントとしてあがってきました。私は、日本人の割には仕事について具体的に指示をしていると思っていただけに意外な指摘で、驚きました。コンサルタントの方に聞いてみると、「あなたが何を考えているのか、部下に何をしてもらいたいのか等についてもっとはっきりと伝えるべきだ」と言われました。この時以来、私は仕事をお願いする時にはかなり具体的な指示をするようになりました。こういうことはやって欲しくないとか、いやだとかいうことについても少しずつ具体的な形で話ができるようになったのです。時間はかかりましたが、私の弱いところを少しずつ補正することができたと思います。

香港勤務でさまざまな経験を積むなかで、香港人スタッフに対して概念論がほとんど役に立たないということも分かってきました。香港人スタッフが「一を聞いて十を知る」という行動様式がとれないからといって非難すべきではありません。「以心伝心」では仕事は進みません。香港では、「何をするのか、どういうことを期待しているのか」を具体的に指示することが業務を上手く行うコツです。私のまわりの香港人スタッフを見ているとプラクティカルな発想で問題解決にあたる姿勢が印象的です。プロジェクトを推進する時にも具体的な形で話をしておくと次の打ち合わせまでに新しい成果が出ます。陣頭指揮で具体論を適格に指示することで仕事はどんどん進みます。

香港人スタッフの忠誠心

二〇〇一年、香港のサラリーマンの会社に対する忠誠心はアジアのなかで最も低いレベルにあるとの調査結果が新聞で報道されました。このような調査は、質問をどのように設定するかによって回答がかなり左右されるので、あまり断定的なことは言えないのですが、私の見聞きする範囲で考えてみても、やはり香港人の会社に対する忠誠心は低いと思います。

この調査によれば、一六七九人のなかで約三〇％の人が会社にいる理由はないとしているそうです。そう言いながらも毎日会社に出社といったイメージが浮かび上がってきます。生活のために、お金のために会社に来ている人たちの姿が目に浮かびます。自己実現のために働いていると胸を張れる人はそんなに多くないと思いますが、お金のためにという当り前のことだけが前面に出てしまうことも問題でしょう。四四％の人が「こんなところにいたくないのに他にオプションがないのでいるのだ」と回答しています。この比率はアジアでは中国の四六％に次いで二番目に高い数字です。新聞にも足に鎖をつけられたオフィスワーカーが上司にガミガミ言われている漫画が登場していま す。この調査は二〇〇〇年に続いて二回目だそうですが、調査結果は同じような傾向が出ているとのことです。会社に対する忠誠心という項目で、韓国や台湾に比べて数値が極端に低いのです。問題は国際競争です。働く側も雇用者も現状を変えないと他の国との競争に勝つことは難しくなりま す。この調査は全体の傾向値を示すものであり、よく分析して対応を考える必要があります。

各企業のヒト、モノ、カネのビジネスの軸足が中国本土にシフトされつつあります。香港人の就業機会が減少しています。これに追い討ちをかけるように、香港で専門スタッフ招請計画が実行に移されています。これは中国本土からの専門人材を受け入れようというものです。香港で勉強している中国本土からの留学生については、二〇〇一年から受け入れの上限が撤廃され、現在は香港の大学の構内、教室で普通語の会話が飛び交っています。これらの留学生に対しては、彼らの意思によっては、卒業後も特別のビザが発給され、香港で就業の機会が与えられることになっています。香港の大学で勉強をしている人にとってはまた就業機会が少なくなったとも考えられますが、マクロで見れば香港で専門人材が不足していることに対する対応策の一つでしょう。

一九八〇年から九〇年代の前半にかけて香港は中国ビジネスの中継基地として、また、アジアにおけるビジネスセンターとして成長をし続けました。この時期の香港は、同時に、不動産の高騰でバブル成長を経験しました。ビジネス環境は良好でしたし、不動産などの不労所得分野があるので市民は少しずつ実態に甘くなる、そういう傾向が続きました。九〇年代前半から状況は少しずつ変化しており、特に九七年夏以降のアジア経済危機以降様々な問題が露呈しました。問題は「豊かになった香港社会」のなかで市民がどこまで環境の変化について理解しているか、また環境の変化に対する理解のための情報を特別行政府あたりから得ているかということです。ここ二、三年、中国のWTO加盟と香港に対する影響などについて、香港の貿易発展局を中心に詳細な調査報告書が発刊されており、少しずつではありますが、状況は改善されています。しかしながら、全体としては香港市民の環境変化に対する理解にはまだ問題があると思います。

忠誠心という言葉をどう解釈するかも難しい問題ですが、私の理解は「この会社のために」や「この組織のために」ではなくて、「ある会社に勤務している間は、少なくともそこで何かを実現しようと前に向かって力を注ぐ」という姿勢が大切です。毎日ある組織に勤務していて「何かが出来そうだ」と考えて努力をすることが尊いと思います。忠誠心をそれほど厳格に考えて対応することはないと思います。私の職場づくりのモットーである「人をワクワクさせる」ことが大切な課題です。

英語公用語のすすめ

一九九六年三月、私は初めて上海の事務所を訪問しました。事務所のスタッフに集まってもらって英語で話をしようとしましたが、事務所の代表者からここでは日本語でしゃべってくださいと言われました。中国人スタッフは日本語が堪能だというのです。「へー、中国でも日本語か」と思いながらも日本語で話をしたのを覚えています。アメリカ滞在時は会議をしていて、まわりを見渡すと私一人が日本人であるというような状況であり、英語での会話が自然な環境にいましたし、本拠地の香港では現地人スタッフが一人でもいれば英語で話をするのが常でしたので上海の環境に多少驚いたものです。

日本人駐在者にとってはもちろんのことですが、香港人スタッフにとっても英語で会話をすることは不自由と感じていたはずです。それでも私は英語にこだわり続けました。香港勤務時代の私のアシスタントは日本語を自由に操ることができました。私は事務所に入ると英語しか使いませんので、彼女と私の会話も自然と英語になりました。会議の時など日本語は使わない、できるだけ英語で通す、こういうことを日常の生活のなかで続けることで会社全体が英語を公用語とするようになりました。

冒頭にご紹介した上海の事務所もその後現地法人化し、実際に貿易実務などを始める過程で次第に英語の地位が上がりました。電子部品などの先端ビジネス分野の場合には、上海や北京でもエンジニアを含めて外資系企業勤務の経験者のなかから採用をすることが多く、英語が常識になっていますので、会社の仕事のなかで先端技術関連ビジネスの比率が高くなるにつれて社内の英語人口も増えていくことになりました。中国ビジネスに携わっていながら英語で通すというのは何か変ですが、私のレベルでは広東語も普通語もビジネスでは使えないことがはっきりしていましたので英語にこだわり続けました。

私が英語しか話さないこともあって、社内では、韓国、中国も含めて英語でのコミュニケーションが中心になりました。議論の内容が微妙なものになると日本語と英語が交じり合ってきますが、これは仕方のないことです。それでも基本は英語で押し通します。どうせみんな英語は第二外国語であり、不自由なことは分かっています。それでも英語を使おうとする、こういう会社全体の姿勢が社内の会話をアップグレードしてくれます。

日本に戻ってたまに上海や北京の元の職場に電話をすることがあります。中国人のスタッフが電話口できれいな英語で応対してくれますとほっとします。アジアの国のなかでは、ＴＯＥＦＬ（Test of English as a Foreign Language　英語を外国語とする人が受ける語学試験）の平均点が高い中国です。多少データは古いのですが、二〇〇〇年の米国教育機関の発表では、アジア諸国のＴＯＥＦＬの平均点で、中国はフィリピン、インド、スリランカについで第四位に位置しているとのことで、最近では更にランキングが上がっているとの報道もあります。国際都市を目指す上海で今若者を中心に英語学習のブームになっていることを考えると、中国ビジネスにおける英語の活用についてもっと考えておく必要があります。

日系企業の現地化について

日本企業の国際化の水準を測る指標として、海外進出企業における経営の「現地化」(Localization) が取り上げられます。この言葉が何時からどのように使われ始めたのか分かりませんが、ローカル人材の活用のレベルを示すもので、次のような段階が考えられます。

（1）ライン部門でのローカルマネジャーの採用、（2）事業部門長へのローカル人材の登用、（3）役員、（4）社長

アジア地域の日系企業では、現地人幹部、マネージャーの登用が進んでいます。米国企業が日本に進出する際、社長のポジションについて日本人をヘッドハントします。アジア地域の日本企業では社長は本国から派遣されることがほとんどです。また、欧米各国の商工会議所会員会社の代表者を見ると、当該進出先国のローカル経営者が代表者になっていることもありますが、日本の商工会議所の場合には、日本人が代表者になっていて、大きな差を感じます。現地会社の代表者のポジシ

ヨンについて、ローカル人材を登用できる日本企業が少なく、このあたりに根本的な問題がありま す。

日本企業における現地化の水準は、地域や業界により異なったものになります。アジア地区の場合、欧米地域に比べ、日本人が企業組織で重要な位置を占めることが多くなっています。アメリカではアメリカ人を大幅に活用している日本の会社でも、アジアでは組織の要には日本の出向者を配置しているところが多いのです。不思議な現象です。

日本人社員の比率は、本国とのコミュニケーションに比例しています。銀行、商社では、日本との連絡が大変重要で、Eメールも、日本語が主流となることが多くなり、大切な資料は日本語であることが多いのです。販売会社の場合は、案件物、「重厚長大」分野は日本人が多く、エレクトロニクス関連、先端部品関連ではローカル人材が組織の要になります。私が関係していたエレクトロニクスの部品関連では、日本人は既にアドバイザー的な存在になっていました。技術的な先端分野では現地の労働市場も発達していますので、日本人出向者を脇役にまわすことが可能になります。

欧米系の大手多国籍企業の訪問時にお会いする香港人スタッフや中国人スタッフの質の高さにいつも驚かされます。このような質の高い人材を採用し、育成してこられた企業に敬意を表していま す。レベルの高い人材が採用できるのは、現地企業経営に対する基本的な価値観の確立が前提であり、一朝一夕に実現できることではないのです。

アジア地域の日系企業ローカル化のためには、まず日本本社の国際化のレベルアップを行うこと、現地組織の勤労部門のレベルアップを図ること、そして日本人出向者の帰任に際し、当該ポジションがローカル人材で置き換えられないかどうかを問うことなどが現実的な対応策です。

日系企業の人事管理と評価制度

日系企業におけるヒューマンリソース管理、人事管理と評価制度について考察してみます。もちろん製造会社と販売、サービス会社では状況が異なるかもしれませんが、ここでは私が関係してきた販売、サービス関連の会社を念頭においています。日本的な経営の考え方が現地の環境に適用される側面と現地化の影響を受けて日本的なコンセプトが変容している側面の双方を見ることが大切です。

まず、年功と業績／能力については、私の認識する限りでは、人事評価では両方のファクターが影響しあっていると思います。香港では業績／能力のほうが重要な要素になっています。内部昇進か外部採用かという問題については長く勤務してきた人への配慮は多少ありますが、基本的に外部に人材を求めます。職場の下位組織のポジションについては外部からの置き換えをどんどんやる、というか若い人は三、四年で会社を替えますので、かわりは外部から採用することになります。シニアになるとできるだけ内部昇進も視野に入れて考えます。いきなり現地人のトップが外の人によって置き換えられるのは何か特別の事情があるからです。上にいくと基本は内部昇進となることが多いのです。

ジョブホッピングへの対応はあくまでも個別に行います。この人は極めて大切と思う人材に対しては毎年特別な調整を行うことで問題を未然に防ぐことが可能です。しかしながら、三〇%を超えるような昇給の調整は基本的にできません。ヘッドハンターとの争いはしないほうが良いと思います。

いずれにせよ長期雇用の重視は日系企業にはじまったことではなく、欧米系、アジア系を問わず、有能な人材が長く働いてくれることは大切なことです。アメリカにいた時に、Attract, Develop and Retain Good People（良い人材を引きつけ、育成し、長く働いていただく）という言葉を使っていましたが、これは洋の東西を問わず大切なことです。

企業人材の評価については、マクロ的に言うと、労働市場で通用する客観的な基準はあまり存在していないのでどうしても内部評価となりますが、香港の日系企業では、内部評価だけでなくいつも外部人材との比較が待っており、この意味では緊迫感があります。「ひと」が「ひと」を評価するのが企業の置かれた環境ですので「自他ともに認める」という状況にはなかなかなりませんが、日本社会の内部評価至上主義と比較すると、この地域の環境のほうがフェアだと感じます。

アメリカ駐在時には、会社の期待する評価基準、言葉を換えれば企業行動基準のようなものがありました。そして、これらの一般的な項目とManagement by Objective（ＭＢＯ：目標管理）の二本立てで人事評価を行っていました。かなり詳細な評価シートを用いており、自分の部下が自己評価を記入した後で上長がマネージャーとして評価をし、それらに基づいて一人一時間の面接を行う。部下は面接の後で上司の評価を踏まえた上で書類にサインします。

香港などアジアの日系企業における人事考課制度については、程度の差はありますが、かなりの企業で日本の本社の評価制度をそのまま現地で使っているといって過言ではありません。アメリカの場合と異なり、一般的な項目がまだ多く、目標管理についてはまだ初期的な段階にあります。特に、フィードバックや署名といったプロセスは多く見受けられず、その意味でブラックボックスの部分がまだ多いと思います。

アメリカの日系企業では、日本人派遣者の上司がアメリカ人の場合には、そのアメリカ人が日本人の第一次査定を行うことが増えてきていると思います。アジアでは現地の人が日本人出向者の上にいても、日本人の人事評価は別ルートになっており、日本人派遣者のなかで主席的な位置にいる人が評価を行います。香港地域では、現地人幹部でも、日本人の査定権が欲しいという人はあまりいませんので、アメリカとは環境が異なります。香港などアジア地区の日系企業も現地人マネージャーや経営者が徐々にではあれ増加していきますので、このあたりについても今後の課題として考えておく必要があります。

欲しい人材の採用

次に中規模以上の組織体を念頭においた話をします。例えば、あなたが会社のあるビジネス部門の長として赴任していると仮定し、現地人スタッフが数一〇名いるとします。香港でローカルの人が育ち、彼らを中心にかなり仕事の組み立てができています。日常的な業務で退職者が出てこれを補充する場合は職場の担当課長さんに採用をお願いしても大丈夫です。しかしながら、あなたの担当している部門で新しい分野に進出する場合のことを考えますと、どういう人を採用するかについては注意が必要です。現在の業務を見直し抜本的な改革を行おうとしている場合も同じことがいえます。

私は、業務を改革する場面で、ビジネスの革新のためだから思い切って優秀な人材を採りなさいと言ってきました。販売、プロダクトマーケティング、財務など職務によって求める人材は違いますが、香港の場合、人の採用は勤労部門ではなくて機能組織のマネージャーが行います。ここが大変重要な点です。アメリカにいた時にも経験したことですが、現在業務を担当している現地マネージャーに人の採用を頼みますとまず良い人は採れません。理由は簡単です。採用を頼んだマネージャーは自分の身を守るため、自分より仕事ができそうな人には声をかけませんし、間違ってこういう人が面接の段階にまで残ったとしてもいろいろ難癖をつけて落としてしまうからです。

香港では職務別に採用が行われ、それぞれの職務単位での採用行為になります。職務記述書(Job Description)が重要な世界です。人が人を採用します。日本のように採用を専門的に担当する部門があれば話は違ってくるのでしょうが、香港の場合は、新しいポジションつける人や重要なマネージャーの採用を頼む際に、「ぜひとも優秀な人材を採って欲しい」と言っても結果は期待できません。私も、新規ビジネスにおける要の人材については、こういう人が欲しいと意見を出し、面接に立ち会いました。香港だけでなく、中国も含めたアジア地域では人まかせでは欲しい人材が採用できないということを念頭におくべきです。

人の採用について、職場の現地人マネージャーもしくは幹部に頼むのか自分の問題として陣頭指揮で取り組むのかは大変重要な分かれ道になります。これから行おうとしている人材の採用がどういう意味をもつのかを考えた行動が必要になります。新しいビジネスの開拓と業務の改革について組織内で充分コンセンサスを得たうえで、新しい人材の採用活動に入ります。あなたのリーダーシップが問われます。

三―四　販売の重要ポイント

組織の付加価値について

これまで香港ベースの販売会社でマーケティング、販売及びサービスに関する仕事をしながら会社もしくは組織の付加価値ということについて考えてきました。特別の付加価値があるから特定の販売チャネルの存在意義が出てくるし、価値がなければビジネスのルートから外されても仕方がないという厳しい環境です。最近、インターネットがビジネスで活用され、価値のない販売チャネルはウェブサイト販売にとってかわられます。「中抜き」（disintermediate）という言葉はこういう厳しい響きをもつ言葉です。私が考える会社もしくは組織の付加価値は大きく分けて次の二つのことに要約されます。

第一は「人の問題」です。企業の財産は人です。一人の優れた人がいると活動の組み立て方も変わってきます。人が何人いても一人の優秀な人材の前には脱帽してしまいます。香港や中国でビジネスを組み立てる時にも同じことが言えます。優れた人材の確保と育成が組織の価値です。「良い人材」という言葉は極めて抽象的ですが、それぞれの職場でどういうことを意味するのかについてよく議論しておくことが大切です。私たちが上海に販売会社を設立した時、電子部品関連の販売マネージャーの採用を行いました。候補者の一人がずば抜けた経歴の持ち主でしたが、最終的にはその人物は採用しませんでした。香港も含めた全体の職場能力の水準を考慮したのです。「良い人材」はそれぞれの会社組織のおかれた状況によって変わりますし、活動の発展段階によっても「良い人材」の質は変わります。現地の優れた人材が毎日目標に向かって生き生きと仕事する環境を準備できるかどうかが大切な課題です。この職場にいると何かが起こりそうだ、きっと何か出来きる——こういうことが仕事をする前提だと思います。

二番目は「組織の基本的なインフラ」、顧客に安心しておつきあいしていただけるビジネスインフラの構築です。受発注、在庫運営、入金などの仕組みとそれを支える情報管理システムです。受注のプロセスについては、特にユニークな製品（特定の顧客以外には販売不可能な製品）については、取り込み時に充分検討することが必要です。受注に取り込み、関連メーカーに発注してしまった後でプロジェクトがなくなったりすると、どこにも売れない在庫が発生します。在庫管理についても、受注残（Backlog）の何倍もの在庫を抱えたり、何ヶ月も荷動きのない在庫を抱えたりすると在庫経費だけでなく、評価替えの費用も発生しますので大きな負担になります。過剰、停滞在庫の問題です。また、入金の問題は中国関係の仕事をする場合、最も大きな問題の一つになりますが、これについては後述します。

ビジネスに関する基本的なインフラの整備は、不断の改善努力に裏打ちされてはじめて存在感が出るものです。何かをつくりあげるとほっとしますが、本当は継続した改善が必要なのです。自分たちが日々行っている活動の中身を分析し、変えていくことは実は大変難しいことです。香港でビジネスを行っていますと、「良い人材」と「信頼できるビジネスインフラ」の二つが特に大切であることを実感します。私はこの二つを販売会社の付加価値と考えて中身の充実、レベルの向上に努めてきました。組織の付加価値を日常的に増大していけるかどうかが生き残りの重要な条件だと思います。中国大陸のビジネスにおいてもこの二つの領域で価値を磨くことが大切です。

販売活動とインフラの整備

中国での販売活動の組み立てにあたって留意しておかなければならないことの一つに販売インフラの整備ということがあります。アジアでもシンガポールや香港などのように、既に販売関連の基本的なインフラが確立されているような国の営業活動が念頭にあると、中国での基本動作の組み立て方について間違った動きになることが多いと思います。特に、これまで営業一筋のキャリアの人が中国での販売の責任者で赴任しますと、売り込みの強化のことばかり考えますからインフラのことがお留守になってしまいます。私がここで基本的な販売関連のインフラと言うときには次のような分野を含む概念として考えています。（1）販売チャネルの構築と仕組み（販売Rep、代理店）、（2）受注、発注のシステム、（3）需要予想システム、（4）在庫管理、（5）輸出入及び関税、増値税（付加価値税）などの支払い、（6）決済条件の設定と入金管理。

中国市場への販売について、香港の会社をベースとして進めてきている企業の場合には、香港にもっている販売の仕組みとインフラを中国本土に移植することからはじめれば良いのです。まず香港で事業をスタートした企業の有利な点は、香港を窓口として中国との取引の基本的枠組みと仕組みを構築できるということです。特に、販売、マーケティング、サービス関連の仕事の場合には、中国本土における活動がまだ大きく規制されているだけに、まずは香港から立ち上げ、次に香港ベースの仕事のやり方を大陸に移していくのが現実的です。このあたりは、後の章で述べますが、「経営の軸足の移動」という方法をもちいます。香港人材の上海などへのシフトによる中国内組織の補強からはじまって、ビジネスプロセスの構築、これらをサポートする情報システムの立ち上げへと向かいます。販売会社の付加価値の一つに販売インフラやロジスティックスが上手く構築されていて顧客に安心してもらえるということがありますが、中国での業務の立ち上げに際してはこのあたりを強烈に意識して対応することが必要です。

特に、部品や材料系の販売を行っている場合、中国大陸での顧客が多国籍企業であることが多く、顧客が製造している製品の設計が欧米などの本国であることがほとんどなので、売り込み活動、認定作業が顧客の本社所在地で行われることになります。したがって、中国での販売の仕事は納期通り物を収めること、需要予想に基づいて物を仕込み、在庫管理を行うこと、そして人民元などでの入金をきちんと確保することなどいわゆる後方部隊の仕事になります。中国大陸における販売関連業務といっても、実はこのようなロジスティックス関連の業務が要になることが多いのです。その意味で販売インフラの整備と強化に充分注意して取り組むことが大切です。中国に工場進出する多くの外資系企業が安心して仕事ができるようにビジネス取引のインフラ、基本的な仕組みを充実させておきたいと思います。

スピードとデータの重視

アジアで仕事をしているとどんどん実際的になります。特に、香港をベースに中国ビジネスと取り組んでいますと、現場志向が強くなり、できることを早くやってしまうという仕事の仕方が自然と身につくことになります。香港での仕事は、足元での意思決定をさっさと行い、できることをどんどん進めるという意味でスピードにプライオリティが置かれます。さっさと仕事を進めますと部下がついてきます。時々、拙速とも思われることもありますが、こういう路線で仕事をすることに慣れてきます。拙速という言葉を辞書で引くと「まずいができあがりのはやいこと」と書かれています。日本での企業環境のように天下国家論とか概念論が横行する状況を見ると、逆に「拙速でもかまわないから」という気持になることがあります。私は、日本本社の人と会議をする時、日本側の概念論と現地側のプラグマティズムが相対立する場面を何度も経験しました。

ビジネス行動を拙速にしないコツは状況分析などをデータに基づいて行っておくことです。ビジネスの履歴をきちんとしておき、いつでも過去のデータに簡単にアクセスできるようにしておきます。ビジネスデータの分析はしっかりと行い、データに基づいた判断をするようにします。こういう癖をつけるように、日頃から「データは?」とか「シミュレーションはしてみましたか?」などと質問します。販売部門の人に対してもこういう質問を投げかけます。彼らが経理部門などにいって関連数値をチェックすることを期待しているのです。自分の問題意識がどこにあるか、自分はどういうことが大切だと考えているかなどを常に明確な形で示しておきます。こうすることで香港人スタッフのスピードのある活動が活かされることになります。

逆のケースは最悪のパターンです。日本人のトップが概念論ばかり言っているとローカルスタッフは何をしてよいのか分かりません。仕方なく自分の考えでこなすことになります。皮肉なことに、後で上司からこんな仕事では困るなどと言われ、途方に暮れることにもなります。また、香港人の実際的な行動面での良さが、トップから概念論ばかり聞かされているうちにあやしくなるのも問題です。基本的な方向については明確な形で述べ、仕事の指示は具体的な形で行うことが大切です。

これまでアジア地域の貿易基地として大きな役割を果たしてきた香港です。実際的な動きの組み立てと速さには定評があります。良いところを更に伸ばすべく「具体的な仕事の指示」と「データの重視」を軸において仕事をすれば、香港人スタッフの良い面が引き出され、仕事が上手く進みます。

ポリシーは統一する

ある地域組織の部門長が「われわれの地域の販売ポリシーは」と社員やビジネスパートナーに向かって話をすることがあります。この場合、あまりにも小さな地域概念を前提に「地域のポリシー」というのは実際の運営を混乱させることになり、注意が必要です。「地域」という概念は抽象的ですが、ここでは中国ビジネスということに焦点を当てて考えます。

香港をベースに中国ビジネスと取り組む場合には、香港、中国の販売政策については大きなところは統一的に捉えられますが、台湾地区の活動が視野に入らないことがよくあります。台湾における販売行動は香港、中国に影響があります。台湾の販売代理店は台湾で販売するものと思い込み、中国のことを意識しないで価格を設定した場合などに同一製品でバッティング（叩きあい）が起こります。商品は国境を越えて動きますので、特に台湾、香港そして中国本土については一つの地域として考えた統一的な販売政策が大切になります。第Ⅰ部で述べましたように、グレーター・チャイナは、台湾、香港と中国本土を含めた地域を指し、アジアにおけるビジネス上の重要な地域概念として定着しています。中国ビジネスの組み立てにおいては、香港、中国に加えて台湾を含めた仕事の仕方に工夫を凝らすことが重要です。この三つの地域を全体として把握した上での統一ポリシーが大事です。

ある顧客を販売レップでカバーしてもらうか代理店商売にするか、代理店商売の場合の粗利を何パーセントにするのか等は台湾、香港そして中国本土の三地域をにらみ、実務的にビジネスの状況をよく見極めた上で決める必要があります。同じ顧客が台北、香港そして上海などで購買組織をもっていることもあり、情報が一瞬のうちに世界を駆け巡る現在において、地域の運営方針は一つに統一しておくことが大切です。台湾だけのポリシーがありえないのと同じに、上海地域だけのポリシーというのもおかしいのです。このあたりがばらばらであると顧客が混乱するだけでなく、同じ工場から出荷された製品が一方は台湾経由で中国に入り、他方は香港経由で同じ大陸市場に入ったりしてバッティングとなることもあります。今やビジネスはグローバルな規模での展開となっており、地域戦略についても関連地区の人たちとよくコンセンサスを得たうえで実行に移すことが大切です。

アジア全域という地域政策、グレーター・チャイナという地域単位でのポリシー、上海地域でのポリシーといった具合に大きな地域概念から中くらいの地域概念、そして小さな地域概念、という風に地域を階層的に捉え、それぞれの地域の特性とビジネスの状況を充分考慮に入れたポリシー戦略と基本的な運営方針が必要です。

「悪い商売なら要らない！」

私の香港勤務時代における台詞のなかに"No business is better than bad business"（悪い商売ならいらない）というものがあります。別に奢った発想ではありません。中国などでビジネスを行っていると商売の相手の支払いが最大の問題の一つになります。かたい言葉でいえば、債権保全の問題です。よく社内で「注文を取るだけだったら私でもできる」と言ったこともあります。入金を実現してこそビジネスは完結しますし、中国では入金が一番難しい問題なのです。

特に問題なのは私のいう「ユニーク製品」（Unique Products）、いわゆるカスタム製品とかセミカスタム製品のビジネスです。相手が中国のローカル企業となると更に危険が大きくなります。「この製品は特定の顧客を対象に開発されたもの」というような場面が最も危険です。中国の顧客でこういう製品を発注した直後に、当該プロジェクトが駄目になり、不良在庫の山を築くこともあります。あまりにも先物の発注は受けないようにすべきです。状況が急変し、過剰停滞在庫となるからです。顧客によってはCOD（Cash on delivery、現金を受け取ってから発送する）とか、入金の一部を確認してから工場に船積みの指示を出すなど特別の対応をします。貿易決済では、L／C以外の決済条件は原則不可、ケースバイケースの意思決定となります（最近では、台湾企業の中国進出が相次ぎ、台湾顧客取引ではL／C以外のものが増えております）。

中国企業の営業の仕事で最も重要な仕事は入金です。エレクトロニクスの基幹部品の販売をしている人が、遠く離れた顧客所在地の小さな町の安宿に月のうち二週間もいるという理由は、入金の確保以外の何物でもありません。中国で商売をしていると、入金の促進と確保が最も重要な仕事になります。

香港を基地に中国でビジネスをしていますと、「相手をよく見極めて慎重に対応することが大切」という当り前の言い方が痛いほど身にしみてきます。「当り前のことが当り前にならない」から怖いのです。重要なことは、危ないと分かっているようなビジネスは取り込まないという態度を保てるかどうかです。世の中不景気です。営業部隊にノルマを課して「何とかしろよ」などと言っていると、営業の人は追い込まれ、おかしな注文でも受けてきます。簡単に販売は増えませんので、ついつい脇が甘くなります。こういうケースでは、かなりの確率で半年後に不良在庫の話になります。

厳しい環境のもとでこそ、決して焦らず、「悪いビジネスは要らない」という態度がとれるかどうかは重要なことです。

品質問題と支払いについて

T's & C's（テーズ アンド シーズ）という言葉があります。Terms and Conditionsの省略形でビジネス取引での契約条件のことを言います。基本的な契約条件のつめは取引のボトムラインです。香港ベースで中国顧客との取引を行う場合も、中国に会社をもって商売を行う場合のどちらでも、支払いの問題が重要です。カスタム製品のキャンセルやそれに伴う在庫、仕掛品の引取りに絡むお金の問題は深刻さを増すものですが、技術や品質の問題も意外と支払いに直結するような問題になる可能性があり注意が必要です。

中国では技術的に水準が高い製品を扱う場合には取引先と技術提携契約に発展する可能性がありますが、そうでなくてもこちら側で売り込んでいる電子部品や製造設備などを使いこなすのに苦労することが多く、こういうことに関連していろいろな問題が発生します。例えば、ソフト開発の問題が長期化し、香港拠点からだけでなく、日本からもエンジニアを繰り返し派遣した、という話をよく聞きます。最初のうち、顧客の設計部門の人が、「こういうことはわれわれで出来る」というコメントをしますので何とかなると思ってつき合いを始めたところ、ソフト面での問題が出てきてなかなか製品化につながらなくなることがあります。エンジニアの派遣の費用だってばかになりません。派遣者の業務そのものについても双方での共通認識の文書化などが不可欠でしょう。エンジニア派遣の費用がかさむだけですめばまだ良いほうで、最悪のケースは、プロジェクト自体がなくなったり、そのプロジェクト用に日本や海外の工場で部品の生産手配をしていたりすると、もっと深刻な問題に発展します。

生産設備の販売については、金額が大きくなりますし、据付や設備稼働に向けての技術指導などのプロセスとも結びついていますので、技術や品質の問題について契約条件の話し合いのなかで議論をし、支払いの問題が起こらないように最大限の事前準備をしておくことです。特に、歩留まりや品質のレベルに関する認識などが問題となることが多く、歩留まりないしは品質合格基準の数値化を図るなどの努力が大切です。納入と支払いについても、前金ないしは製品引取り時の支払いなどに分けた対応が不可欠であることは言うまでもありません。

中国の顧客とのビジネスでは支払い問題が最大の問題になります。支払いの拒絶の理由に技術的な問題、品質不良や生産歩留まりが理由としてあげられることが多いと思いますが、本当の理由について突っ込んで分析することが必要です。資金不足であるケースが多く、支払いの引き延ばしを狙って文句をつけてくることが多いのです。何としてでも支払いを延ばしたい場合、L／Cのディスクレや品質不良が持ち出されます。特に最近、品質問題と支払いの問題がよく発生しているという話を聞きますので、双方で水準の数値化をきちんと行い、条件変更時の細かい対応について明確な形で文書確認をしておくことが大切です。

在庫が最大の敵

あらゆる企業活動のプロセスを短縮することがスピードアップとコストの削減、ひいては顧客へのサービスにつながるということでそれぞれの立場で会社業務の見直しが行われます。部品、材料などの生産財の販売を行っていますと、顧客はプロの購買部門です。一九九〇年代からＪＩＴという言葉が多用されていました。Just in timeの略で、納入のウィンドウ（Window）が設定され、納入業者の出荷成績が評価されます。ここでウィンドウというのは、例えば、二日早く着くことに対しては多少目をつぶってくれますが、遅れは許されないということです（Two days early, no late.）。九〇年代初期から中期にかけては顧客である電子機器メーカーは部品、材料などの在庫を二週間程度もって生産計画をたてていましたので、ベンダーとしてもまだ何とかなったのですが、近年、顧客での生産財在庫は二日程度というところが多く、なかには在庫は基本的にゼロなどという会社も登場してきます。こうなると生産財供給メーカもＳＣＭ（Supply Chain Management）を強化し、流通在庫の極小化を図ろうとします。

海外の販売会社の運営に携わっていますと、在庫の保有ということが最も大きな問題の一つになります。多少のコスト削減を行ったとしても、荷動きの悪い在庫や不良在庫などを抱えてしまいますと他の分野でのコスト削減努力が吹き飛んでしまうことになります。顧客はＪＩＴを要求し、厳しく追及します。一方で入金についてもタフな条件が突きつけられますのでそんなに多くの在庫が持てるわけはありません。在庫の保有ということに会社運営のさまざまな問題点が凝縮されています。

私は、米国の経験から、香港に赴任した後も在庫の問題については意を配り、厳しく対応してきました。"Inventory is the biggest enemy"（在庫が最大の敵だ）という台詞はアメリカ時代から使ってきたもので、香港の会議などで何度も使いました。特に、私のように中国地域を担当し、電子部品商売で香港、上海などに在庫を保有したビジネスを行っていますと社内、代理店も含めていつも気持を引き締めている必要があるからです。脇が甘いと在庫はあっという間に膨れ上がるものです。

特定顧客だけにしか売ることができないカスタム品の在庫発注には特に注意が必要です。契約時に基本的な条件を詰めておくことが不可欠です。特に需給タイトな状況においては対応に注意が必要です。早めに需要予想を出し、需要予想に基づいて部品の仕込みを行うことが多いのでしょうが、カスタム品やセミカスタム品を需要予想に基づいて仕込むというのは大変リスクが大きいので、顧客との取引条件設定の際に十分話し合いを行っておく必要があります。そもそもカスタム品、セミカスタム品の受注についてはカスタム品、セミカスタム品の受注については社内のルールを明確にしておく、と同時に在庫品の発注については発注行為のオーソライゼーションを組織の上位責任者を入れ、決めておくことが必要です。また、日頃から自社の在庫はもちろんのこと代理店などの在庫についても定期的に報告が上がるようにしておくことが重要です。在庫に注意を払っているということを分かってもらうためにも「最大の敵」くらいの発言をして気持を引き締めておきたいと思います。在庫の引き取り交渉には大変時間もかかりますし、精神衛生上もよろしくありません。

Eビジネスは香港で始める

香港におけるEビジネスは米国と比較して多少遅れていると言われています。香港の株式市場の例で言えば、二〇〇一年の初めにようやく株の売買にインターネットが使われ始めたばかりです。中国では制度の構築も含めて現在準備が行われているところです。

デジタル・ディバイド（Digital Divide）という言葉があります。デジタル化、つまりコンピュータと通信技術によって高い能力を身につけた企業と、それに取り残された企業との能力ギャップの拡大を表わしています。インターネット時代への対応を行って多くの恩恵を受ける者とその恩恵を受けない者との格差の拡大を問題視する言葉として使われているようです。ウェブ技術の爆発的な進化を背景に国や企業の取り組み如何によって格差が拡大することへの懸念がこの言葉の背景にあります。中国の政府レベルでもこの問題への強い関心がいろいろな形で表明されています。世界の総人口の一〇%が九〇%のネットワークを支配しています。中国のインターネット人口は二六〇〇万人と言われています。これは中国の人口の二%にすぎません。中国はインターネット、ＩＴ関連分野では発展途上国です。二〇〇一年、中国でインターネット協会が組織化されました。この非営利団体は中国の政府関係者から熱い期待をあびながら生まれました。

中国でのEビジネスの高度化のために幾つかの試練があります。法制度の整備、物流の高度化、決済問題の解決、不正取引への対応等です。特に、支払い関連、不正取引の領域は難しい課題があります。ちなみに、中国でのEビジネスは現金振込みが前提となっています。

現段階の中国ではEビジネスの取り組みは、中国ローカル企業の活動に限定され、中国に登記された外資企業が中国内に設置されたサーバーを用いてウェブ取引を行うことにはまだ制限がありま す。私は、上海外高橋企業としての電子部品Eショップを、中国企業が運営しているウェブサイトに出そうとしたことがあります。市当局は大丈夫と言うのですが、念のためにと中央政府の関係部門を訪問したところ、このあたりはまだ外高橋企業には認められていない、と言われたことがあります。二〇〇一年初頭のことですが、外資企業に対する規制の問題があったのです。外高橋企業の活動範囲の問題、税務の問題などもあったのではないかと推測しています。現在の規制がどうなっているのかについては、具体的な調査が必要です。サイバー空間というのは国境を越えた概念であり、ニューヨークでも東京でも中国との取引を行うことは可能ですが、中国内の体制が未整備であるところに問題があります。

このような状況下における対応策は次の二つです。まず、中国でインターネットを用いて商業活動を行っている会社と代理店契約を結び、彼らにEビジネスの展開を委託するという方法です。二番目は、香港企業としてサイバー空間を利用したビジネスを行うというものです。私たちは後者を選択しました。香港でウェブサイトを立ち上げている企業であれば、香港のサーバーで容易に中国顧客を対象としたEビジネスを開始することができるからです。香港基地から中国の市場開拓ということを考えればよいのです。Eビジネスですから製品の売り込みのためのニュースレターの発行、オンライン技術セミナーの開催、顧客の設計、開発の支援をウェブ上で行ったりすることからはじめます。経験的に言えば、ホテルなどに参加者を招いて行うと、主要都市や沿岸部だけをカバーするような技術セミナーであっても、時間、費用の面で効率的ではありません。ウェブサイト上のオンラインセミナーはこの点極めて大きな力を発揮してくれます。業種、分野によってアプローチは異なってくると思いますが、中国でも大きな顧客データーベース、会員数をもった組織が存在しますので、こういうところと提携して業務を行うことをお勧めします。質疑応答など極めて活気にあふれたものになります。

実際の受注行為以降についてはオンラインになったり、オフラインになったりします。大きな案件の場合には、引き合いはウェブでもその後の取引は通常の取引になることが多いと思います。また、支払いの部分はオフラインとなり、入金確認後出荷指示をかけるのが普通です。なお、中国関連については輸出管理の問題に万全を期すことが必要です。

ウェブサイトについては日頃からアクセスの状況を細かく調べておき、ホームページの各コーナーの改善を継続的に行い、音声、画像の使い方についても常に高度化を志向するなど顧客がアクセスしやすく、有益な対話の出来る環境を作り上げていくことが大切です。

三―五　まとめにかえて

徹底した業務改善

どの地域でも業務改善による仕事のスピードアップとコストの削減が重要です。人件費、事務所賃貸費用など基本的なインフラ費用がアジアのどの地域よりも多くかかる香港ですので、業務の見直しと改善はとりわけ大切です。組織の長は、こういうことを常に意識し、日頃から仕事の見直しについて関心を示し、職場のスタッフに対して問題意識を伝えておくことが重要です。

時にはテーマを決め、人を決めて真剣に業務プロセスの見直しを行います。香港では、イギリスの影響もあって、仕事のマニュアルが確立しています。マニュアル主義です。したがって、時にはこのマニュアルの見直しを行うことも必要になります。マニュアルやビジネススタンダードは放っておきますと、硬直的になることが多いので、注意が必要です。仕事の進め方それ自体を見直す。社内のルールも変えてみることが結果的にスピードアップとなり、コストの削減にもなり、ひいてはお客様のためにもなります。

香港勤務時に大掛かりな業務の見直しを行ったことがあります。財務、経理部門の業務改善です。外部のコンサルティング会社に業務のプロセスと世界的な企業大手数百社の業務処理と比べたベンチマーキングをお願いし、それに基づいて自分たちの業務処理のレベルを把握しました。コンサルティング会社の人が二、三人、会社に陣取り、一ヶ月くらいかけて詳細な業務プロセスの分析と評価を行います。次の一ヶ月半は改善案の検討です。ユーザーである財務、経理分野の人たちとの間で詳細な議論が戦わされます。隔週ベースで私のところに状況の報告があります。全体で三ヶ月かけて極めて実際的な業務改善のプランが策定されました。問題は計画の実行です。業務は改善され、残業時間は圧縮されましたし、紙も減りました。退職者が出ても補充が要らなくなりました。同じ企業グループに人の紹介ができるような余裕もでてきました。辞めていく人もいたのですが、全体としては業務改善のプロセスは上手く管理されていたと思います。

業務改善には常にセンシティブな側面がついてまわります。業務見直しは、仕事の見直しであり、結果的に人の話になります。こういう大掛かりな業務の見直しをしていますと、問題意識をもって日頃から仕事をしている人たちには励みになりモラルがあがります。私の職場はこんなふうにして仕事を改善しているのだ、と誇りに思う人が大勢出てきます。一方で、多少力量に不安のある人もいて、こういう人のなかから退職者が出ます。また、業務改革の雰囲気が社内の他の部門に伝わりますので、簡単に人を増やして欲しいとか、退職者の補充をして欲しいなどという要望が出しづらくなります。牽制効果といえます。

経費や人員の削減を言うだけでは腕力の世界です。具体的な業務改革の裏づけなしにはコストの削減は意味をもちません。もちろん、経営状態が悪くなれば、議論の余地はなく、経費の一律削減や人員カットの事態になります。特に、香港のようにコストの高い地域のオペレーションで生き残るためには常に業務を見直し、改善努力を継続する以外に方法はありません。"Business improvement is not an event but an ongoing process." これは私がよく言っていたことです。業務改善は過程であって出来事ではないのです。

第4章　中国大陸への軸足の移動

Shift of Pivotal Foot into China

深圳市の高層ビルからの眺望.

四―一　香港から大陸へ

なぜ大陸に軸足を移動するのか？

私のいた会社は、香港、中国そして韓国をも販売地域とするものでした。全体の販売のなかで電子部品が大きな比率を占めていました。これらの生産財の最終出荷先では中国大陸の比率が圧倒的に高くなっていました。しかしながらビジネスを決済の観点から見るとほとんど全てが香港での決済になっていました。顧客はまず香港の代理店、そして香港内に購買拠点をもつ香港及び中国の大手企業（ローカル及び多国籍企業）です。中国内には北京、上海、広州などに連絡事務所をもち、市場開拓、販売支援などを行いますが、肝心な仕事の組み立て、販売のコントロール及びビジネスの決済等はすべて香港で行っていました。

六年にわたる香港勤務の間にビジネスの軸足を中国大陸に移す、と同時に中国での販売インフラと販売組織の拡充について注力しました。香港から中国市場を開拓する方法には利点があります。経験豊富で信頼できる香港人スタッフと力のある香港販売代理店の存在があるからです。中国ビジネスを香港ビジネスとして組み立てていく、こういうアプローチの会社はまだ大勢を占めています。しかしながらこういう活動をしながらも中国大陸での取り組みを強化しておく必要があります。

販売活動における組織の付加価値については二つの観点が重要です。第一は売り込みということ、生産財の販売という観点からはデザインインということです。顧客の開発、設計のプロセスに食い込んでいく、顧客の設計者に問題解決策を売り込んでいくのです。こういう活動は顧客密着型で行わなければなりませんので、中国内の主な拠点でのエンジニアリングの力を強くしていく必要があります。二つ目は販売活動を支えるインフラの整備です。顧客によっては直接中国にある拠点から物を買いたいというところも出てきます。理由は幾つかあります。大陸の在庫拠点からローカルデリバリーのサービスを受けたいという顧客への対応と人民元取引への対応などが中国内に事業拠点の設置を迫る最も基本的な要因です。中国生産品の購買を前提とした顧客サポートの場合にも中国内の販売法人の存在が必要になることがあります。

香港から中国大陸に活動の軸足を移す場合には、基本的に香港での経験でつくりあげた仕事のやり方をコピーし、移植することからはじめます。「香港モデル」の移植と改善という方法をとりますので、ビジネス展開について自信をもって取り組むことができます。これまで香港で構築してきた販売ビジネスの構成要素を計画的に中国に移していきます。ヒト、モノ、カネの移動です。直接中国大陸に進出するのに比べると不安材料も少なくて済みますし、不確実性の排除という観点からも、ある程度自信をもって取り組めると思います。

私は、中国ビジネスの組み立てを行った際に、「軸足のシフト」という言葉を使って、販売チームを引っ張ってきました。「香港から中国大陸に軸足を移す」という合言葉で経営資源を意図的に中国本土にシフトし、中国での事業活動の足腰を強くするのです。中国ビジネスの主戦場は香港ではなくて中国本土であることを香港人スタッフに語りかけ、計画的に中国での活動を強化します。大陸でどうしても良い人の採用が困難な時には香港人スタッフや日本人出向者を大陸拠点に配置転換したりします。「中国大陸への軸足のシフト」が会社の動きとして定着し、方向性が定まれば、中国ビジネスの開拓は上手く進みます。

軸足の移動はリーダーの仕事

中国で新しいビジネスを立ち上げる時に香港から組み立てていくのか、いきなり上海で立ち上げるのかという問題があります。多くの会社でこの問題が議論されているようです。製造関連ではいきなり中国本土に向かうことになりますが、販売、サービス関連のビジネス分野については、まず香港である程度中国向けの仕事を構築してから大陸に軸足を移動していくのが実務的であると思います。

これまで多くの企業がまず香港をベースに中国ビジネスを構築してきたと思います。中国の窓口としての香港に本拠地を置き、香港及び広東省のディーラーを使うことで本土の市場を開拓する、大半の企業がこういうアプローチを行ってきました。二〇〇一年一二月、中国はＷＴＯに加盟しましたが、販売やサービス関連の仕事については、まだ限定的にしか開放されておらず、香港からのアプローチと中国本土での活動をいかに上手く組み合わせていくかが課題になっています。

私は、香港で販売を中心とする中国ビジネスに従事していた六年の期間を通して、仕事の軸足、経営の軸足を中国大陸に移すことを最も重要な命題の一つとして取り組んできました。仕事の軸足を大陸に移すために、上海浦東の外高橋地区に一〇〇％出資の販売会社を設立したのが一九九七年、空調システム関係のアフターサービス専門の会社を香港、中国の会社との合弁で広州地区に出したのが九八年、深圳市に駐在員事務所を設置したのが九九年でした。中国におけるビジネスパートナー、大学等との共同事業も数多く構築しました。製造関連の事業所は直接中国に工場進出しますので、こういう場面では工場の方々と一緒になって販売の問題を考えてきました。香港の販売会社が中心となって販売を担当している製品分野の事業所が工場を中国に移す場合には香港の販売会社も出資者の一人に加えていただくこともありました。

仕事の軸足を中国大陸に移すことで香港におけるビジネスの経験を中国本土での仕事の組み立てに活かします。仕事をしながらいつも自問自答していたのは、軸足の移動のスピードが遅いのではないか、突っ込みが不十分ではないのかということでした。人間が行う仕事ですからいろいろしがらみもあり、香港に固執するという発想をとる人も出てきます。香港にいる自分のスタッフや香港で一緒に仕事をしている代理店の社長の顔が浮かんできて軸足のシフトができないこともあるでしょう。この場合には、いかに上海の人が使えないとかインフラが未整備だとかいろいろ難癖をつけるものです。極端なケースは香港人スタッフと上海人スタッフがいがみ合う事態にもなります。こうなるとビジネスの方向や目標を共有できませんので、多くの活動が徒労に終わることになります。

香港をベースに初期的な中国ビジネスを構築するのが第一歩、販売の拠点を中国内に増設し、経営資源を計画的に大陸に移転していくのが次のステップです。ある程度基礎のできた香港側から見ると大陸での人材が頼りなく見えたりするのはごく自然なことです。良くないのは上海などの拠点が如何に駄目であるかということばかり言って販売の最前線である大陸側の強化を怠ることです。大切なことは組織の上にいる人、トップマネージメントの旗振りです。香港から中国大陸に軸足を移すことは香港人スタッフにとっては死活問題になることもあり、「はいはい」と聞いているふりをして実際の場面では実行に移されないこともあります。

重要なことは、まず中国市場が重要であることを理解してもらうこと、次に市場開拓の主戦場は中国大陸であることを分かってもらうこと、そして上海など大陸現場の強化が大切であり、会社としては香港からのスタッフの移動も辞さないということを理解してもらうことです。中国ビジネスの展開、そして基本的な仕事の進め方について毎日、毎週、毎月同じようなメッセージを繰り返し出し、組織のみんなを引っ張っていくことが肝心です。強烈なリーダーシップが必要です。中国大陸へのビジネスの軸足移動はリーダーの仕事です。

販売人材のシフトと活用

中国ビジネスにおいて販売の問題は最も重要な課題の一つです。製造工場における量産体制とコストダウンが至上命題になるのは当然ですが、中国での国内市場の開拓が重要性を増している今日、日系企業は販売問題にもっと焦点をあてるべきです。合弁で工場を建設した場合は、販売活動は中国側が行うことが多くなり、このあたりに難しい課題が潜んでいます。特に、日本の本社で「工場」主導（設計、製造主導）の強い会社は注意が必要です。合弁事業の場合でも販売を簡単に中国側にまかせてしまうのではなく、日本やアジアのほかの地域から経験者を投入するなどして中国の市場と向き合いながら、これまで培ってきた販売のエキスを中国の地でインフラ化することが重要です。

中国ビジネスの構築について香港ベースの活動からスタートし、軸足を大陸に移しながら販売活動を組み立てている企業では香港人を活用していますので、大陸でも人材の現地化が上手く進められます。販売組織のトップのポジションについては初期段階ではナショナリティは問いませんが、経験豊富で信頼の厚い人を外からシフトすることが現実的です。中堅クラス及び前線の営業人員は最初からローカル人材による対応が可能です。

私も、香港勤務時、中国市場における新しい販売業務の立ち上げのために、香港の経験者を中国本土に送り出しました。製品によっては、シンガポールや台北からの人材シフトを検討し、実施に移したこともありました。もちろん本人の同意が必要ですが、社内の勤労的な制度も未整備な部分が多く、処遇の見直しなど制度の改善も行いました。単身赴任の場合には移動するのは本人ですが、家族同伴による海外赴任の場合には子女教育の問題なども出てきますので、新しい制度をつくることも必要です。製品技術面で顧客支援を目的に中国本土の組織を構築する場合には、香港のみならずシンガポール、台湾等アジア全域をにらんで適切な人材をローテーションすることができます。

このような場合では、技術的に優れた人材ということだけではなく、マネージメント能力を兼ね備えた優秀なエンジニアの派遣が必要です。半導体の製品営業に従事する香港人のマネージャーを上海に派遣したことがあります。上海の会社で中国人を採用していたのですが、あっさりと退職してしまい、この地における業務の立ち上げに苦慮していたのです。この人には「あなたが上海にいる三年くらいの間にあなたと同じくらい優秀なエンジニアを何人か採用し、教育し、育てて欲しい」ということを業務の命題の一つとして与えて送り出したのです。中国人エンジニアの採用はそれほど困難なことではありませんが、問題はつなぎとめです。特に上海地区などでは引く手あまたの状況下にあるため、人材の確保が最大の課題であり、日本、香港などから派遣されたミドルマネージメントの腕が試されることになります。

中国ビジネスにおいては販売の問題は重要です。プロフェッショナルな販売組織の確立のために外から人材の活用を図ることをおすすめします。

深圳への軸足の移動

華南経済圏のなかで最も重要な役割を果たしている市が深圳です。広東省での経済特区のモデルケースとして、一九八〇年代に基礎が築かれ、九〇年代に大きく発展をしてきました。「中国の香港化」といわれた時期もあり、多くのことを香港から学んでいます。近年は大陸へのパラダイムシフトのなかでこの町で働く香港人も増え、「香港の中国化」も進んでいます。香港の「ミドルマン」としての役割が大きく減少している現在、深圳など珠江デルタ各都市との共存、共栄が極めて現実的な活動プログラムとして浮かび上がっています。

私が香港に転勤した直後、一九九六年上半期のことでした。何度か深圳に出張した後で、香港からの「通い」で顧客開拓をすることに疑問を提示したことがあります。早速社内で「深圳に駐在事務所をつくってみたらどうだろうか」というテーマで初期的な議論をしてみました。私が予想していたとおり、香港人スタッフの反応は前向きのものではなく、「深圳地区の市場の開拓は香港から行った方が良い」というものでした。コストパフォーマンスなどを考えての発言であったと思います。ただし、こういった反応の奥のどこかに自分たちの「権益」が侵されるという考えが多分にあったのではないかと思いました。今から考えますと、その当時においては、この辺りの議論はセンシティブな要素を内包していたのだと思います。

結果的にみると、私が勤務していた会社は一九九九年の秋に深圳事務所を開設することになりました。もちろんこの時期には「大陸へ」というマクロ的な環境の動きも後押ししてくれましたし、香港からでは仕事の突っ込みが弱いという感じも出ていましたので、新しい事務所の開設は大勢の香港人スタッフに歓迎されました。

深圳に新しく事務所をもち、この町で人の採用も行います。私のケースでは、活動の立ち上げをスムーズにかつ上手く行うため、要になるポジションには香港の人についていただきました。数名の香港人スタッフが隣りの町まで通勤することになりました。香港の郊外に住んでいる場合を考えてみます。例えば大埔墟（Tai Po Market）の電車（KCR）の駅までが徒歩で一〇分、ここから羅湖駅までが一五分程度です。羅湖の出国と深圳の入国に二〇分、日系企業の場合には駅から近いところに並んでいる商業ビルにありますので一〇分です。これに多少の時間を加えても一時間くらいで通勤が可能です。大埔墟の場合ですと時間的には九龍の尖沙咀の事務所に行くのとほとんど変わりません。もちろんこのような人ばかりではないのでもう少し時間がかかるとしても、一時間半くらいみておけばよいのではないのでしょうか。忙しい駐在員事務所のことですから、かなりの頻度で夜は顧客の接待になります。帰りが夜遅くなった場合には、安全を考えて、事務所の近くのホテルに宿泊することをすすめていました。国境通過を前提とした通勤はタフなものがありますが、香港から深圳への通勤は充分可能でありますし、ここのところ増加の傾向にあります。

深圳に軸足をシフトすることの利点としては、まず、この町にベースをもつことで入ってくる情報の量や質が違ってくるということです。住んでみると景色も変わって見えますし、聞く話も違ってきます。更に重要なことは、顧客開拓に多くの時間がかけられるということ。そして深圳のオフィスが中国でのコミュニケーションの向上のために役立つということです。

最後の項目については、多少注記が必要です。販売の会議を香港で行いますと、中国のスタッフや代理店の参加がビザの問題で計画しにくいことが往々にして起こります。深圳の場合ですとこのあたりは問題がありませんし、香港からキーパーソンの参加も容易です。したがって、私が勤務していた会社では深圳事務所の会議室のスペースは多少広めにとっていました。最近、香港の在庫オペレーションがコスト的に高くつきますので、在庫の拠点をこの町に移す会社があらわれました。福田（Fu Tian）というところに保税区があり、ここで在庫の運営を行うのです。コンサイメント在庫（顧客の指定する保税倉庫に製品を搬入し、顧客が製品を搬出した時に所有権が顧客に移転する）を福田保税区にもったことがありますが、インフラもしっかりしていて問題は起こりませんでした。

香港から深圳に軸足をシフトさせる。香港と華南経済が一体化の方向に向かって動いている現在、香港における業務機能の見直しを行ったうえで経営資源の軸足を深圳に移動させます。「北に行く」という全体の流れにサポートされているだけに大陸ビジネス開拓のリズムが速くなります。

再び中国への軸足の移動について

香港にいると何故か上海との比較に興味をもつようになります。香港の人たちがいつか上海に追い抜かれるのではないかという恐怖感にも似た気持をもっていることが背景にあります。こういう発想を「上海 vs 香港症候群」と呼んでおきたいと思います。最近、上海にディズニーランドが進出するから現在計画中の香港のディズニーランドがさびしくなる、という意見が出るのはこういう症候群のあらわれです。日本人の駐在員も香港に移った当初はじめて上海に足を踏み入れた後の感想として「やはり上海はすごいや」などと言ってみたりするものです。「上海 vs 香港症候群」のはじまりです。

日本では、上海市のPRの上手さもあって、中国＝上海に近い計算式をもとにした単純発想から

「早く香港から上海に移らないと」というコメントを発する会社幹部も出てきます。中国の一都市である上海と香港を比較する。それなりの象徴的な意味もあると思いますが、こういう図式の呪縛にはまってしまうと物事を単純化して判断し、中国ビジネスをこういう図式で描きはじめますので、問題があります。中国市場は物理的な面積で見ても実に広大です。自然と議論は香港や上海というレベルを超えたものになるはずです。

繰り返しになりますが、香港で中国ビジネスをはじめた企業はまず「軸足を中国大陸にシフトする」ことが大切だと思います。中国本土のどこに軸足を移動させるかについては取り組んでいるビジネスや製品分野によって異なります。私が香港時代に関係していた電子部品などのエレクトロニクス分野では北京、青島、上海、蘇州、厦門、広州、東莞、珠海、深圳等の地域が特に重要でした。軸足を移すということは、香港からの出張だけで物事を済まさないで、それぞれの地点でローカルな事務所を構え、ローカル人材を採用しながら仕事を組み立てることを指しています。状況によっては、香港での在庫に加えて中国本土での在庫をもつことも考えなければなりませんし、問題を起こさないで在庫オペレーションを展開する力を身につけることも必要です。販売やサービスの現場に従事している部門では香港にいては仕事にならないと思います。

大切なことは中国ビジネスが香港ベースだけで開拓できると思わないこと。香港で何年も仕事をしてきた会社は、香港の人材と経験の蓄積がありますので居心地が良くなるものです。上海など中国本土でのオペレーションがまどろっこしくていらいらすることもあるかもしれませんが、あきらめないことです。北京、上海、深圳などへ「ヒト、モノ、カネ」の軸足を確実に移動させる努力を行うことが重要です。

四―二　米系、アジア系企業の中国シフト

米国企業の中国シフトの手法

先日、『愛華』という月刊誌が目にとまりました。上海生まれで日本の大学で勉強をされた徐迪旻さん（三七歳）が編集を行っています。この月刊誌の二〇〇二年五月号で徐編集長の講演会の内容を文章化したものが掲載されておりました。「日本企業はなぜ中国で失敗するのか」というものです。徐さんのお話の内容についてご紹介するのが本論のテーマではなく、このなかで触れられていた米系企業の中国進出のやり方に関する話に興味があり、紹介します。

徐さんによれば、米国企業が中国で事業をはじめる時、現地幹部の選択という点については次の三つのプロセスを経るといいます。第一はオーバーシーズ・チャイニーズ、いわゆる華僑です。二番目が香港人、シンガポール人、マレーシア人などです。そして最後が中国人で海外留学経験者ということになります。私が米系企業の中国拠点を訪問した時に感じたことと同じです。特に、最初のオーバーシーズ・チャイニーズの使いたかについては実に上手くやっていると感心させられます。中国で成功している米系企業としてモトローラ社が取り上げられています。確かに香港の半導体では香港人をトップにして成功を収めた初期的な経験もあり、中国大陸でも香港人を幹部に採用する

ケースが多かったようです。次の項目は米国企業の場合には、中国政府との交渉ごとをつかさどる特別の部門をもっているということです。戦略チームの存在です。戦略室や総裁事務室と呼ばれています。日本の企業ではこういう部門をもったところはないといわれています。

米国企業が欧州に進出する時には、進出先国の人のなかから社長を見つけます。例えばイギリスではイギリス人をトップに据えることを考え、ドイツではドイツ人になります。日本に上陸した時にはヘッドハンターを使ってそれなりの日本人を見つけてきます。場所が中国となると判を押したようにオーバーシーズ・チャイニーズのなかから人を採用します。多分、中国に行った時にはこういうやり方をすることが手法の一つとして確立されているのだと思います。この国に行くとこうする、ということが一般的な概念として構築されており、進出の際にはその国に合ったと思われる手法を使います。マニュアル主義というのでしょうか、アメリカらしいやり方です。

米国企業の企業進出については二〇年以上前からこういう手法が確立されており、各企業が初期的な進出プロセスの対応を行い、結果として現地化の水準を上げてきたことは特筆すべきだと思います。日本企業が中国でいまだに日本語のできる人を優先的に採用したりしているのと比べ、分かりやすくて効果的で素晴らしいアプローチだと思います。ちなみに私が中国に軸足を移した時の手法は、①香港人幹部のシフト、②台湾人、シンガポール人のシフト、③香港、台北からの日本人のシフト、④そして英語が堪能な中国ローカルを同業他社から引き抜くというものでした。

台湾企業の軸足の移動

中国大陸へのビジネスの軸足の移動を見るため台湾企業のケースについて取り上げます。台湾企業の中国生産シフトが激しい勢いで進められています。従来は広東省東莞市や福建省への生産移転が中心でしたが、足元では上海及び江蘇省への投資が相次いでおり、長江デルタ地域が台湾人でにぎやかになっています。

一九九〇年代の後半からデスクトップPCのモニター生産の移転が始まり、マザーボードの組立てなどへと活動範囲が広がりました。ご承知のように、台湾政府経済部はノートPC、通信機器、デジタル家電など一二二品目について対中国投資を認めることを決め、二〇〇二年一月から新しい制度の運用が始まっています。もともと台湾企業は第三国経由での投資を続けてきており、ここ二、三年上海、江蘇省近辺への台湾企業の進出が相次いでいます。パソコンの大手企業の一つである広達（クォンタ）は上海郊外の工場建設で大型投資を行っており、昆山のコンパル、上海のインベンテック、呉江のアリマなど中国でのノートPCの生産は着実に増大しています。当面は中国のビジネスインフラが未整備であることから試行錯誤のプロセスを経て質的な発展を遂げるという形をとらざるをえませんが、九〇年代を通して米系企業のパソコンの生産基地としての地位を築いた台湾パソコン産業の発展は新しい段階に入っています。

二〇〇一年の台湾情報通信関連産業のトータル生産に占める中国大陸生産の比率は三七％でしたが、最近発表された台湾の統計では〇二年の一～三月期の数字は四九％を超えたということです。

パソコン関連での対中国投資の規制緩和の影響が大きく反映されています。特に、台湾ＩＴ産業の基幹分野であるノートＰＣ製品においてこの傾向が顕著であり、ノートＰＣ生産に占める台湾本国生産の比率は〇一年の八七％から〇二年一～三月期には六七％へと大きく落ちています。台湾経済を支えてきた基幹産業の中国大陸へのシフトが進んでいるのです。

台湾企業の仕事の組み立て方には目を見張るものがあります。これまで香港企業のトップマネージメントの方とお話をする機会がありました。香港人も台湾企業の中国大陸シフトのスピードと事業の立ち上げの上手さには一目も二目も置いています。言葉の問題と企業運営、工場運営での圧倒的な優位性を持っていることが指摘されており、このあたりは他の国の人にはとうてい真似のできない芸当だというのです。日本企業は台湾系の会社の中国への軸足のシフトから学ばなければならないことが山のようにあります。

二〇〇一年秋に中国江蘇省で生産立ち上げ中の台湾パソコン企業を訪問しました。この時、台湾人の工場幹部が「ノーチョイス（No choice）」という言葉を連発したことを覚えています。「選択肢なし」という意味です。一九九〇年代にパソコン産業の生産基地としての地位を築き上げた台湾もここのところ押し寄せるコスト競争、サプライチェーン・マネージメントによる在庫の圧縮と無駄の排除、効率性の徹底追及などの大きな波の中でその競争力を失いつつあり、最後の生き残りをかけて中国大陸に進出しています。広東省で材料支給による委託加工の仕事をしていた時代とは違い、上海や江蘇省における投資は本格的なもので、もう後に引けないという「最後の選択」であろうと思います。

しかしながら「ノーチョイス」という言葉に悲壮感は感じられません。中国大陸の新しい業務と日夜取り組んでおり、タフな地方政府関係者との交渉ごとなどもどんどんこなしている様子がよく分かります。また、広東省の町とは違って上海、蘇州などの地域が住みやすく、生活も快適だということで、教育問題で子女を本国に残して単身赴任を余儀なくされる会社幹部を除けば、多くの人が家族とともに台湾から移っているようです。仕事は大変だが、家族がいるということでの安心感と充実感があるので良い仕事ができるのでしょう。背水の陣というと後がないという響きがでてきますが、「ノーチョイス」といって明るくがむしゃらに仕事に注力する台湾の人たちに会っていると、思わず「頑張ってください」とエールを送りたくなります。

世界の人材を中国に集める

中芯国際集成電路製造（Semiconductor Manufacturing International〈Shanghai〉Corp.）という会社については、第Ⅰ部でも簡単に触れましたが、ここでは人材の活用という別の角度から考察を加えてみます。この会社は、台湾の半導体関係の企業家が中国に呼びかけ、台湾、アメリカそして日本の専門家なども加わってスタートした夢のプロジェクトです。先端プロセス半導体のファウンダリー事業です。上海浦東の張江ハイテクパークに大規模な工場を建設、二〇〇一年の九月からは八インチウェーハの初期的な生産を開始しました。顧客は海外の半導体企業です。最近の報道では、上海の設計チームが〇・一八μプロセスの量産技術の開発に成功したということです。

このような開発を可能にしたのは、専門的な集団が世界各国から集まっていることによります。同社二五〇〇人のプロフェッショナルの内、約一三〇人はアメリカから、約四五〇人は台湾からの移動組です。台湾から移った人のなかには台湾半導体の最大手であるTSMC（台湾積体電路製造）からの約一〇〇名も含まれています。これらに加えてシンガポール、韓国及び日本から七〇名を超えるエンジニアリングスタッフが上海に集結しましたし、欧州からは約二〇名が参加しています。かつて東芝の半導体を指揮した川西剛さん（元東芝副社長）も技術顧問として上海の地でご活躍されています。

多くのエンジニア集団の移動を可能にするためには、報酬パッケージの問題もありますが、現実問題として幾つかの基本的なインフラの整備ということがありました。なかでも、子女教育のためのインターナショナルスクールの設置は大きな課題でした。大陸の教育に不安をもつ台湾人スタッフは多いと聞きます。学校も建設され、先生たちも派遣されて、準備が整い、エンジニアも安心して移動ができたというわけです。

人は何故国境を越えて上海に移動したのか？　私は、夢や希望がなければ人は簡単に国境を越えるということはないと思います。日本の大手半導体会社を定年退職されたエンジニアの方がこの会社に入社され、中国の若いエンジニアたちに半導体の技術を教えているという話を日本の雑誌で読みました。六〇代半ばのこの方が、単身赴任地の上海で教え方を工夫しながら充実した毎日を過ごされている様子を知り、感動を覚えました。職場も、国際学校と同じで、中国語と英語が基本の環境です。幾つもの言葉が飛び交う環境は、多少の刺激もあり、楽しいものです。

中芯国際集成電路のようなアプローチが現実のものになると、他の先端技術分野でもレベルの高いプロジェクトの実現可能性が出てきますので、先端事例として重要です。私たちは、世界各国から人材を中国上海市にシフトさせた中芯国際集成電路のケースから、中国での仕事立ち上げのヒントを得ることができます。

韓国企業の中国シフト

中国の台頭でアジアの商流は大きく変わりつつあります。これまで東南アジアで経済成長を遂げてきた多くの国で輸出先として中国の名前がクローズアップされています。例えば、パソコン立国として一九九〇年代に対米輸出を軸として伸びてきた台湾でも二〇〇二年の上半期の輸出統計で輸出先国第一位のポジションがこれまでの米国から中国に変わりました。両岸の経済的な接近です。これまで欧米志向で輸出を伸ばしてきた韓国でも同じような現象が出ており、韓国政府が発表した〇二年の前半八ヶ月の統計で見ると、対米輸出が輸出金額全体の二〇%と第一位であるのは変わりませんが、中国が一四%と二位に浮上、ＥＵは全部まとめても一三%、日本向けは一〇%弱となっています（*Korea Times*、二〇〇二年九月二日）。同じ統計で香港向けが全体輸出の六%、台湾向けが四%ということですからグレーター・チャイナ向けの輸出という観点から数字を見ると合計で二四％となり、米国向けの比率を上回ることになります。*Korea Times* の見出しも「中国経済が韓国輸出の向け先ナンバーワン」となります。

韓国企業の中国シフトは大方の予想をはるかに上回るスピードと規模で進められています。特に華北は韓国から距離的にも近く、進出はさかんです。以前、ソウルのLGE社を訪問し、中国進出について意見交換をしたことがあります。一九九九年の秋です。本社の国際事業部門の方の表情は淡々としていましたが、そこで描かれているのは大きな絵でした。やることはやるという強烈な拡大志向を感じました。実際に、その後の経過を見ますと中国での生産、売上金額は鰻登りで、九九年の一二億米ドルから二〇〇一年には一気に二八億米ドルへと増加しています。日本企業大手の中国生産金額を凌駕するレベルです。以前から中国拠点は単なる輸出基地ではなく、大きな国内市場の開拓が目標であり、そのために種々の現地化の推進を図るという趣旨のことを言われていました。一度方向を決めたら迷わずそれを成し遂げるという企業の意思が伝わってくるのが韓国企業です。

現時点では、工場進出がメインであり、開発、設計関係は韓国に残っていますが、今後、中国市場を狙った新しい活動が計画されておりますので、韓国企業においても、中国での研究、開発の動きが出てきます。台湾企業について韓国企業も中国大陸にビジネスの軸足を移していき、アジアビジネスの競争舞台は中国本土に移ります。

第5章　中国ビジネスの構築

Building up China Business

上海外灘から浦東を望む

五―一　進出に際して

進出目的の明確化

何故中国なのか？　ＷＴＯに加盟したとはいえまだ環境要因が不透明で規制も多い中国で何故生産しなければならないのか？　事情もよく分からない中国、不自由な中国に何故生産をシフトするのか？　聞けば入金だって大変だという中国、技術者は優秀な人もいるが、すぐ辞めてしまうことも聞いています。リスク要因のほうが大きいに決まっているように思える中国です。それなのに何故中国に出かけるのか？　徹底的に自問自答することから進出の意義をあらためて考え、中国進出を行うことが大事です。

業種の如何を問わず価格競争はますます厳しくなっています。生産コストの低減ということはビジネス展開のボトムラインです。中国の場合、真っ先に頭に浮かぶのは良質で安価な労働力という点です。工場立ち上げの様々な費用が他国に比べて圧倒的に安いということもあげられます。しかしながら、安くて良質な労働力ならタイでもインドネシアでも良いはずではありませんか？　こういうことだけでは投資先として中国を選ぶということにはなりません。中国に企業進出する理由は他にもあるはずです。

これまで日本で納入していた得意先の会社が中国に出る、同業他社が中国に出る。こういうことが直接的なきっかけで中国進出することもあります。台湾は一九九〇年代を通してアメリカのコンピュータ関連企業にパソコンを供給するＯＥＭ基地としての地位を確立しました。世界に冠たるパソコン立国です。米系企業は、自らも中国への生産シフトを進めますが、台湾企業にも中国への生産の移転を要求し続けました。米国のパソコン関連企業の場合には、ＯＥＭ製品供給先の選定条件の一つとして、中国内に工場をもっていることが掲げられているのです。上海近辺の台湾企業のパソコン工場からアメリカ、欧州他へのＯＥＭ輸出が行われます。このように、輸出ビジネスのために中国に出てくる場合には、工場運営でのコストの削減と工程期間の短縮が最大の課題になり、部品、材料の現地調達、工程の合理化が大切なプロジェクトのテーマになります。

中国の国内市場開拓を目的に中国に進出する場合もあります。家電、自動車、ＧＳＭタイプの携帯電話などでの中国進出は、巨大な市場といわれる中国の国内マーケットにおける販売を目標にしています。中国の国内マーケットを狙って進出した場合は市場の把握から出発します。日本人のビジネスマンとの会話で中国市場の開拓において市場の特異性のため苦労している話がよく出てきます。これはアメリカ人が日本市場の開拓はその特異性のために大変だと言っているのとほぼ同じことです。どの国の市場もそれぞれ特徴をもっており、ビジネス開拓も容易ではありません。問題はその国の市場をよく理解しているか、言い換えればその国の顧客をどれだけ理解しているかです。

いずれにせよ何らかの環境要因、進出を迫る要因があって中国に出ます。進出の目的が明確であれば、おのずから行動の起こし方、仕事の組み立て方も決まってきます。マーケティングの基本はどこにいっても同じです。こう考えると気持が落ち着き、安心するでしょう。要は目的を明確にすることとビジネス環境要因の把握です。中国進出にあたって「何故中国に出るのか？」を徹底的に自問自答してみることからはじめます。

中国市場をどう捉えるか

中国市場の開拓のためにこの国に企業進出をする場合には、中国という大きな市場に関する理解からスタートすることになります。出発点は、中国という市場をマーケティングの観点から単一の市場として捉えるべきでないということです。ビジネスの目的、ターゲットによって意味のある細分化が必要になるのです。商品の性格の如何を問わず、人口の集中する大都市、沿岸州が重要なマーケットであることに疑いはありませんが、それにしても地域が広大すぎます。一般的にはビジネスの取り組みやすい華南は香港から、日本からも近くてなじみのある華東は上海からということになると思います。どの地域のどの都市からビジネスの活動を組み立てていくのかは大きな問題ですが、はじめて中国に出る時には、足元の商売に影響された形での企業立地になることは事実ですし、出発点はそれでかまわないと思います。

ある程度の期間、中国の商売を開拓していますとビジネス活動の地域の中心は一箇所ではないことに気づきます。中国で現在急速に成長を続けている電子工業を例にとり、生産金額から主要な地域がどうなっているのかを見ると、表11に示されるとおりです。ちなみに、この地域別生産分布は「中国電子工業年鑑　二〇〇一」をもとに作成しています。実感と比べ華北の生産金額が大きくなっているように思います。ここでは割愛しますが、別の民間調査機関の数字では広東省はもっと数字が大きく、北京など華北はもう少し小さい数字になっています。北京に本社のある企業が華南地域で実際の生産をしていることが多いと思います。聯想集団の広東省工場でのパソコン生産や上海地域への進出などは一つの例です。実際の生産活動で見ると北京や天津がこの数字より小さくなり、広東省がこの数字より大きくなります。それはともかく、マクロ的に見ますとやはり南の香港、中央の上海そして北の北京などが浮かび上がってきます。

表11　2000年中国電子工業生産
（単位：BUS$／年，US$1 = 8.27 人民元）

広　東	16.9
江　蘇	11.4
北　京	8.1
天　津	7.9
山　東	7.5
福　建	5.3
上　海	4.9
浙　江	4.4
四　川	2.8
陝　西	2.4

（資料）『中国電子工業年鑑』2001

香港を基地に中国に入る場合には自然に広東省がビジネスの中心になります。香港と深圳、東莞、広州などの珠江デルタの都市は密接な関係があり、今後とも経済関係の領域で一体化の流れが続いていきます。業界の如何を問わず、マーケットの規模から見て、広東省を中心とする華南地域が重要な地域であることは議論の余地がありません。香港はこのような華南ビジネスを支えてきた中心都市ですし、近接する深圳市なども重要な拠点です。

中国のＷＴＯ加盟で上海近辺が一躍投資家の注目を集めており、海外からの直接投資の向け先として上海、江蘇省が最も重要な地域となってきています。上海の浦東地区や江蘇省の都である蘇州市などが重要な拠点になります。日本からの距離が短いこともあり、この地域への訪問者が増え続けています。上海地区の印象があまりに強烈であり、中国といえば上海といった間違った考えになる可能性もありますので注意すべきです。

販売領域のアプローチで、日本の商社がとりはじめた華南、中央、華北などの地域細分化のやり方についても注目しておくべきです。これは先ほどの電子工業に関する地域分布の例からも分かりますように、ごく自然のアプローチです。中国を二極、三極の地域に分けて市場の開拓を行うのです。この場合、どこかの拠点で全体の統括業務を行うかどうかは、業種により、また、中国内での生産拠点の大きさなどによって変わってきますので、一概には言えません。いずれにせよ中国を幾つかの地域に分けたアプローチは必要ですし、どの地域にプライオリティをおいて活動を構築するのかはそれぞれのビジネスのおかれた環境、企業の力量そして今後の開拓計画によります。

中国進出と情報源

中国進出に際して膨大な情報の収集を行い、念には念を入れる用意周到な企業もあれば、他社が出ているのだから自分たちも出るという行動型の企業もあって、事前調査は千差万別の状況にあります。いきなり中国大陸に出て行くケースは製造関連で多く見られます。この場合には、日本側で北京、上海などの駐在員事務所を通して投資環境についての事前調査を行うことが多いと思います。

販売やアフターサービスに関連する分野では、まず香港に進出しており、そこから中国にシフトをすることになりますので、このような調査は日本で行うのに比べると簡単になります。全体的にみると、特に中国の税制が分かりづらいということもあり、時間がかかります。また、省単位、市単位でのビジネス慣習の相違なども問題点を複雑なものにしています。

事前調査における情報源としては、ビジネス・コンサルタント、進出しようとしている地方の政府関係者、他社の事例調査などが主なソースになります。デロイトが行った調査では、欧米企業の場合、ビジネス・コンサルタント、社内のアドバイザーの順になっているのに対して、アジア系の企業の場合には、ビジネス・コンサルタントが第一位である点は欧米企業と同じですが、二番目に地方政府が上げられています（Deloitte Touche Tohmatsu, Foreign Investment into China: Fitness Survey, 2002）。日系企業についての情報源については触れられていませんが、私のみるところでは、地方政府機関、他社事例調査の順ではないかと考えています。事前調査の段階で最も注意して調べたい項目の一つは政府の規制とその法的理解です。問題が各部門間にまたがり、時には文書で記述されていない項目も多く、このような場合は釈然としないまま投資の決断を迫られることにもなります。

中国のＷＴＯ加盟以降、企業法制度、貿易制度、税制など多くの分野で制度の見直しが行われています。法律改定や行政的なガイドラインの変更などが多いので、それぞれの専門家の意見をよく聞いておくことが大事です。また、変革の状況下での調査の問題点としては、法律的には既に改定されているような事柄についても、ビジネス分野によっては、政府のガイドがあり、判断に苦しむこともあります。なお、中央政府や地方政府主催の会合などの席で手続きの変更が伝えられることがあり、商工会議所のような集まりを通してインプットを得ます。

産業分野についての調査や市場調査については、政府系の機関による統計、主要企業の公式発表資料、新聞情報などがベースになりますが、欧米、日本などに比べると、情報メディア、情報サービス機関が未発達なので、客観的な分析を試みようとする者にとっては頭痛の種です。なお、ビジネス環境調査においてはグレーター・チャイナ地域を対象とするくらいの配慮が必要です。台湾や香港からの情報インプットも取り込むようにしておきたいものです。

中国の中央政府や地方政府はインターネットを利用した有益なホームページを開設しています。英語版のウェブサイトも充実しています。中国語版のサイトから得られる情報は圧倒的に情報量が多いのですが、翻訳の問題は残ります。最近では、日本の調査会社でも詳細な情報をインターネットで提供していますので参考になります。

五―二　進出をとりまく環境

日本企業の中国進出と課題

中国はこれまでの経済改革、特に開放政策によって大きく発展してきました。内需の伸長と輸出の拡大がこれを後押しし、このようななかで国民生活も着実に向上しています。念願のＷＴＯ加盟を二〇〇一年一二月に実現し、国内制度の見直しを着実に進める中国。どこの国も足元が不景気であることも手伝っていやがうえにも世界の注目を集めます。

日本企業の中国進出は衣料、雑貨品などの軽工業分野が先鞭をつけ、初期段階では日本への輸出拠点として活躍しました。家電がそれを追いかけ、最近ではパソコン周辺機器、携帯電話、自動車、半導体等先端的な分野も生産拠点を構えるなど産業活動にも幅が出ています。進出側から見た中国は、市場の大きさとその成長スピードの速さに特徴があります。中国市場の大きさと成長性については疑う余地もなく、日本企業トップの中国志向が更に強くなっています。これは欧米、日本などの市場がスランプの時期にあるからだけではなく、ＷＴＯ加盟により、中国が国際的貿易基準の世界に入るということで、中国事業に対する経営確信の水準が上がっているからです。これまでは安全サイドを見て、広東省のパートナーとの委託加工貿易を中心に仕事を組み立ててきた中規模の日本企業も直接投資の検討を始めました。この傾向は台湾系の企業にも顕著であり、これまでの広東省東莞市などでの委託加工ビジネスから上海、江蘇省への本格的な直接投資へと重点が移っております。

ここでは電子工業を例にとり、主要国の企業進出の特徴について寸評します。まず、欧州系企業については、対中国事業は元来腰が入っていました。通信分野での投資が多いのが特徴です。移動体通信分野でフィンランドのノキア社の投資規模には目を見張るものがあり、北京に建設中のGSM電話工場の規模は同社の工場のなかでも最大級です。ドイツのシーメンスも上海を中心に投資の拡大を図っています。次に、米系企業についてはパソコン関連での進出が目立っています。IBMの深圳工場の投資は大きなものです。デルは福建省のアモイ工場の能力アップに邁進中です。

アジア系企業に目を転じますと、まず香港資本については、一九八〇年代の初期から民生電子機器分野で深圳等の広東省各地に工場を移しました。台湾企業はパソコンのモニターとかキーボードについては中国への生産移管はほぼ完了です。ノートPCについては二〇〇二年から台湾政府の直接投資の規制がなくなり、一気に大型投資が増えています。台湾系企業の強みは何と言っても同じ中国系であるということ、母国語による現地企業経営では他を圧しています。韓国企業は三星、LGEが代表選手ですが、これまで家電製品を中国に生産シフト。三星はモニター用のブラウン管はほとんど中国生産です。台湾、韓国とも、今後の動きとしては、ノートPCやTFT表示デバイスに焦点が移ることになります。

以下、日本企業の中国投資の特徴と問題点及び課題について整理します。

❶ 投資の規模がまだ小さい

電子工業分野での中国進出は、家電製品からスタート、現在はプリンターなどのパソコン周辺機器、OA関連機器、GSM電話等へと分野が拡大中です。これまでは材料支給による委託加工取引が多く、特に広東省の地場企業に生産委託を行ってきた経緯がありますが、本格投資に切り替える動きが出ており、注目しています。全体としてみると、欧米、台湾企業などの大型進出に比べて投資の規模が小さくなります。

❷ 「工場」進出主導の局面にあり、中国の国内市場を見据えた事業活動になっていない

中国進出が「工場」的な側面から行われているということも特徴です。私が香港に移った一九九五年末頃、中国進出はあくまでもコスト削減をベースにした輸出拠点志向がほとんどでした。中国の国内市場をという発想は全体としてはここ二、三年の動きで、今後のビジネス展開のため中国市場を見据えた活動の組み立てが必要です。中国を「工場」としてだけ活用するのではなく、「商場」として認識し、戦略を組み立てることで日本企業の中国ビジネスの厚みが増すと思います。

❸ ローカル人材の獲得と育成の面での課題が大きい

最大かつ最も重要な課題は人材獲得です。このことは日本企業の海外企業展開全般についても言えます。質の高いローカル人材の獲得という点では残念ながら日系企業は欧米系企業と比較してかなり劣っています。欧米系企業の場合、現地の会社の幹部については社長も含めてローカル人材を

求める場合が多いのに対して、日系企業の場合には現地企業の代表者と財務、経理部門長はほとんど日本の親会社から派遣されます。現地企業のトップだけでなく、中間マネジメント層についても、アジア地域の拠点となると日本人を大量に投入する傾向があるように思います。

上記の三つの問題は、いずれも簡単に解の出るものではありませんが、これから中国ビジネス活動を展開するなかで着実に改善していきたいものです。

「外資五〇〇強」の示すもの

中国における外資系企業の売上高ランキングが中国外商投資企業協会等によって発表されており、ウェブ上でも情報が入手できます（http://www.etisu.com.cn/toplist/）。「外資五〇〇強」ということから分かるように外資系企業トップ五〇〇社のリストです。興味があるのは、各企業の連結ベースでのまとめではなく、個別の会社単位での売上高によるランキングということです。A社が江蘇省と広東省にそれぞれ工場を出し、上海外高橋地区に販売会社を出せばこれで三つの会社として勘定され、三社それぞれの売上高がランキングの評価対象になります（日本の大手企業では一社で四〇～五〇もの小会社を出しているところも珍しくありませんが、それぞれの子会社がランキング評価の対象になることを念頭においてこの小論をお読みください）。

現在、ウェブで入手できるのは二〇〇一年版のリストですから二〇〇〇年の売上がベースになっています。ここではリストの引用はしませんので、理解のためにに進出企業単位でのおおよその売上規模を記しておきます。トップのモトローラ天津の売上が三一三億元ですから年商約四五〇〇億円、第一〇位で九〇億元、一三〇〇億円です。一〇〇位が年商三九〇億円、二〇〇位で二二〇億円、三〇〇位で一六〇億円、四〇〇位で一三〇億円、五〇〇番目の会社で年商一一〇億円です。月商一〇億円の会社を出せばトップ五〇〇の番付に登場し、月商が三五億円を超えますとトップ一〇〇社の仲間入りができます。

二〇〇〇年のランキングから幾つかの興味ある事項が浮かび上がってきます。トップ一〇〇のリストからいくつかの特徴をあげてみます。

❶ 一位は米国のモトローラ天津の会社です。通信機器、半導体などの生産、販売を行っています。二位はドイツのフォルクスワーゲン上海です。第五位にも同社の販売関連の会社が入っています。こういう会社は中国進出の歴史が古いのです。スウェーデンの通信機器企業、エリクソン南京が第八位です。自動車、通信関連が目立ちます。

❷ トップ一〇には日本企業は入っていません。日本の企業も中国進出の歴史は古いのですが、なかなか上位に入るまでには至りません。

❸ 日本企業の会社で最高のランキングは広州ホンダで一五位です。ちなみに、一四位はドイツのシーメンス上海、一六位はＩＢＭ深圳（長城との合弁）です。

❹ 広州ホンダの他に日本企業の関連会社八社がトップ一〇〇に入っています。このうちエプソンは深圳の会社が三三位、蘇州の会社が五一位です。深圳のエプソンは、大変大きな工場で、パ

ソコン用のプリンターを生産、販売しています。

❺ 韓国企業では三星社がトップ一〇〇〇に四社も関連会社を入れております（二八位、四八位、七七位、九八位）。天津市への投資は大規模です。

❻ 台湾企業については パソコン関連機器メーカーのエイサーが出している会社が五二位に入っています。蘇州にあるエイサーのパソコン周辺機器を手がけている会社を訪問したことがあります。台湾企業の中国投資は近年大きな規模になってきています。

トップ一〇〇〇に入っている会社は、力のある会社で、中国を「工場」と捉えるだけでなく、「商場」としての認識から国内ビジネスを大きくしてきた企業が多いのが特徴です。日本企業の中国進出は、その多くが一〇一位から五〇〇位のほうにリストされています。年商で一一〇億円、月商で約一〇億円にならないとトップ五〇〇には名前が出てきませんが、努力をすれば到達可能な目標であり、このような数字をターゲットに中国ビジネスを立ち上げることは励みになってよいと思います。

改革、開放と中国ビジネス

中国は、二〇〇一年末のWTO加盟に伴い、様々な社会、経済的な諸制度の改革を行っており、ビジネスの面でも今後、規制の緩和、権利の開放を行うことになっています。中国ビジネスの展開について話をする時、私がいつも感じることは、実際に商売を行っていない人の議論が、権利の開放がなされれば事業活動の実現と結びつくという短絡思考に陥りがちであることです。このような人（特に、実務経験のない戦略企画集団の人）は、「中国のＷＴＯ加盟から半年以上経って、こんなに規制が撤廃されている、それなのにわが社の活動は何も上手く展開されていない」などと言って嘆いてみたりするのです。重要なことは、規制の有無ということだけではなく、日頃から問題意識をもって事業の開拓の努力をしているかどうか、ということです。規制があるから事業展開ができないことがあるかもしれませんが、規制がなくても付加価値もしくは力がなければビジネスは実現できません。規制があるので何もできないと言っていないで、今できることをやっておき、準備をしておくことが大切です。

中国では営業権は限定的にしか開放されていません。基本的に製造業を始めることが販売を行う前提条件です。販売行為だけを行う場合には上海の外高橋などにある保税区に法人を設立する必要があります。営業権が開放されていないから販売ができないことは一面正しいのですが、営業権が得られれば販売ができることを意味するものではありません。生産財、消費財の如何を問わず香港経由で中国に輸入することができます。香港から中国内の貿易権をもっている会社とビジネスを行えば良いのです。電子部品や材料については、顧客がエレクトロニクス関連の企業で、輸入権をもっていますので、問題なくビジネスは実現可能です。上海市の浦東外高橋保税区などに販売会社を設立し、輸入販売を通して中国での販売の経験を積むことも重要です。

アメリカ人と話していると、規制だらけの中国ビジネスと日本のそれをだぶらせて理解しているように思うことがあります。特に、一九八〇年代のアメリカではこういう議論が主流を占めていました。議論だけしてアクションを起こさない人はいつまでも不平を述べ続けることになります。日本でのビジネスの難しさは日本市場が開かれていないという点にもあるのかもしれませんが、外から入ってくる人にとって人材の確保が難しいことが問題であったと思います。まずは日本のビジネスに体当たりして何かを始めてみます。そうすると知恵がついて良い人の獲得のチャンスが増えます。良い人材が得られれば、複雑な流通機構についても、開拓の扉は開かれる可能性が高くなります。

中国での議論も同じです。まずは出来ることからやってみます。そうすると知恵がついて、もう少し上の手が打てます。今までよりも良い人が獲得できます。とかく日本の企業では議論が多く、なかなか先に進めないケースが多いようですが、中国ではまずはやってみることが大切です。そうすれば次から次に知恵がわき、バージョンアップが可能になります。

サービス分野での取り組み

世界銀行の統計によれば、国民総生産に占めるサービス関連の比率は全世界平均で一九八〇年に五五％であったものが、九九年には六三％へと上昇しました。逆に見ると、経済活動において製造関連の占める比率は総体的に低下傾向を続けており、サービス関連産業の役割が増加しています。中国の場合には、サービス関連のＧＤＰに占める比率が九九年に三三％で、他の開発途上国と比べても低い比率になっています。

国際的には未開発の中国のサービス市場がこれから数年をかけて開放されようとしており、この分野での取り組みは中国及び世界の企業にとって大きな課題となっています。これまでの約一〇年間におけるサービス産業における政府の自由化の試みは、ごく一部に限られたもので、初期的なものです。中国は、世界の工場といわれるように、製造分野では重要な役割を果たしていますが、サービス分野に関しては大きな挑戦を受けようとしています。中国におけるサービス分野の開放、自由化の過程は、中国の力が国際的に低いだけに大きな痛みを伴うものになります。サービス関連の領域では、力のある企業が高い付加価値を持ち込めば成功する可能性が高くなります。したがって、サービス関連ビジネスにおいては、世界の一流企業が、開放のプロセスがどのようになるのかを見極めながら、虎視眈々と狙いを定めているのです。

サービス分野は、貿易、流通、物流、銀行、証券、保険、通信サービス、観光業、その他の職業的なサービス（弁護士、会計士、広告宣伝、マネージメント・コンサルティング等）などあらゆる業種を含んでいます。どの業種、どの領域がいつ開放されるのかは中国のWTO加盟に関する資料に詳述されています。例えば、流通（卸売り、小売り）では化学肥料関連以外は三年以内に開放され、通信分野で地域の制限のないサービスで出資比率四九％を取得する投資他三件が六年以内と最長の期間を要するのを除いては、長いものでも五年以内で自由化になる見込みです（次頁資料参照）。

ビジネスの社会で、時間はあっという間に過ぎてしまいますので、市場参入の準備をしておく必

中国ＷＴＯ加盟時のサービス分野での約束　(1)

分野	市場アクセスの約束	期限	その他のコメント（▲印は筆者の追加コメント）
銀行	■外貨の取り扱いについての地域もしくは顧客の制限の撤廃 ■中国企業との人民元取引（地域の制限なし）の実現 ■全ての中国顧客との人民元取引の実現（地域制限なし） ■ノンバンクの自動車金融	即時 2年以内 5年以内 即時	■外資銀行にも金融サービスを認める
流通 ■卸売り，仲介業 ■小売業	 ■卸売り及び仲介販売 ■地域制限，数量制限なしで販売できる合弁会社（外資マジョリティ）の設立 ■書籍，新聞，雑誌，医薬品，殺虫剤，マルチングフィルムの販売 ■化学肥料，製油，原油の販売 ■特別経済区と天津，広州，大連，青島における２つの合弁会社の設立 ■北京と上海における４つの合弁会社の設立．このうち北京に設立された２つの合弁会社は北京に支店を開設できる ■鄭州と武漢における合弁会社の設立 ■外資マジョリティの合弁会社の設立（拡大地域） ■書籍，新聞，雑誌の販売 ■医薬品，殺虫剤，マルチングフィルム，製油の販売 ■化学肥料の販売 ■地域制限，数量制限等の撤廃	 1年以内 2年以内 3年以内 5年以内 即時 即時 即時 2年以内 1年以内 3年以内 5年以内 3年以内	■外資企業が中国で製造した製品を販売することは現段階でも可能である（含む在庫，アフターサービス） ▲外資の出資比率について要確認 ▲地域について要確認
教育サービス	■外資マジョリティでの合弁学校の設立	即時	
職業サービス ■弁護士 ■会計士，税理士 ■宣伝，広告 ■経営コンサルタント	 ■代表事務所の設立 ■地域及び事務所の数の制限の撤廃 ■中国公認会計士の資格をもつ者の合弁もしくは単独での会社の設立（認可ベース） ■マイノリティ資本での合弁会社の設立（49%） ■外資マジョリティでの合弁会社の設立 ■外資100%での会社の設立 ■マジョリティ資本での合弁会社の設立 ■外資100%での会社の設立	 即時 1年以内 即時 即時 2年以内 4年以内 即時 6年以内	 ■中国で登録された弁護士の国外採用の禁止

中国WTO加盟時のサービス分野での約束　(2)

分野	市場アクセスの約束	期限	その他のコメント(▲印は筆者の追加コメント)
証券	▪代表事務所が中国株式市場の特別会員になれる(認可ベース)	即時	
	▪資金運用の合弁会社設立(33%資本)	即時	
	▪資金運用の合弁会社設立(49%資本),A株買取,B株/H株取引出来る合弁会社の設立(33%資本)	3年以内	
通信			
▪付加価値及びページングサービス	▪30%資本の合弁会社の設立(北京,上海,広州)	即時	
	▪49%資本の合弁会社の設立(地域の拡大)	1年以内	
	▪50%資本の合弁会社の設立(地域の限定なし)	2年以内	
▪移動通信(音声,データ)	▪25%資本の合弁会社の設立(北京,上海,広州)	即時	
	▪35%資本の合弁会社の設立(地域の拡大)	1年以内	
	▪49%資本の合弁会社の設立	3年以内	▲地域制限について要確認
	▪地域制限の撤廃	5年以内	
▪国内サービス	▪25%資本の合弁会社の設立(北京,上海,広州)	3年以内	
	▪35%資本の合弁会社の設立(地域の拡大)	5年以内	
	▪49%資本の会社の設立(地域制限なし)	6年以内	
観光			
▪ホテル,レストラン	▪マジョリティ資本での合弁会社の設立	即時	
	▪全ての制限の撤廃	4年以内	
▪旅行代理店	▪政府指定の観光地,北京,上海,広州での合弁会社設立(制限項目あり)	即時	▪中国人観光客の海外旅行業務は認められない(香港,マカオ及び台北を含む)
	▪外資100%での会社の設立(制限項目あり)	3年以内	
	▪外資100%での会社の設立(地域制限なし)	6年以内	
物流			
▪海運	▪49%資本での合弁会社の設立	即時	▪中国側が総経理と董事長を選定する
▪航空	▪航空機の保守,修理のための合弁会社の設立(中国側の支配)	即時	
▪鉄道	▪49%資本での合弁会社の設立	即時	
	▪マジョリティ資本での合弁会社の設立	3年以内	
	▪外資100%での会社の設立	6年以内	
▪陸路	▪49%資本での合弁会社の設立	即時	
	▪マジョリティ資本での合弁会社の設立	1年以内	
	▪外資100%での会社の設立	3年以内	

(資料) Deloitte Touche Tohmatsu, Foreign Investment Into China: Fitness Survey, 2002 から作成.

要があります。中国政府の規制があるから参入が阻まれているというだけの理解では物事は前に進みません。会社の付加価値をつける努力をしておくことが何よりも大事です。そのためには今からでも出来ることを試み、組織としての付加価値を高めておくことです。

例えば、貿易については香港ベースでのビジネスを可能なかぎり展開しておくとか、上海の外高橋などの保税区企業を活用して輸出入や在庫販売、人民元取引などで力をつけ、企業としての付加価値をつけておくことです。保守、修理サービスとかについても、今から参入する方法はあります。中国ビジネスに関する本を読んでいますとアフターサービスなどはこれから開放されると書かれたものが多いのですが、実際には上海の外高橋で企業を起こし、倉庫機能を充実させることで分抜中心（ディストリビューションセンター）の資格を取得することは可能ですし、保守、修理の仕事を始めることもできます。他の都市の保税区でも似たようなアフターサービスの活動を企業化することも可能です。私も香港勤務時にお隣りの広東省のある都市で業務用エアコン関連のアフターサービスの仕事を始めたことがあります。三年や五年の開放のプロセスを待つだけでなく、今からできることをやっておくべきです。

現地調達活動の展開

中国に生産を移しますと、重要な材料、部品などは日本から輸出、中国での材料、部品の調達についいては自信がないので後回し、とにもかくにも中国生産をスタートさせる。これが一世代前の中国生産でした。日本企業の製品設計は日本での材料、部品の購買を前提としたものになっていることが多く、中国の現地でどういう材料、部品が入手可能などということを組み込んだ設計は視野に入らなかったのです。中国での製造コストが安いのでこういうやり方でも何とかなったのでしょう。

最近、多くの会社がこぞって中国に生産活動を移転する時代に入っています。普通のことを普通にやっていたのでは競争に勝てそうにもありません。華南地区の委託加工貿易でもクリティカルな材料、部品については輸入時に輸入税をボンドすることが求められる時代ですし、自動車や通信関連などのように重要な産業分野においてはできるだけ中国の材料、部品を使うよう当局の「指導」が入っています。中国WTO加盟以前であればこういうことはおおっぴらに行われたのでしょうが、WTO加盟後は公には強要できないことです。ローカルコンテンツ、いわゆる現地生産品の使用です。中国製の材料、部品が製造原価に占める比率で四〇%というガイドを出し、この条件を満たす企業に生産の割り当てを増やすなどのインセンティブを与える――もちろん書いたものはありませんが、分野によっては、行政のガイドはまだ存在していると思います。

中国で逆見本市というものが開催されています。見本市は販売をしたい人が商品の展示を行うのですが、逆見本市というのは資材調達をしたい人が行うものです。こんな材料、部品の購買をしたい、と言って展示会を開きます。例えば、日本貿易振興会、ジェトロの香港事務所が毎年秋に中国の深圳市でエレクトロニクス関連の逆見本市を開催しています。年を追って大規模になり、買い手と売り手の出会いの場として、多くの人の関心と注目を集めるようになっています。このことは中国で電子関連の資材調達の可能な領域が確実に増大していることを示すものです。ジェトロ香港では逆見本市のウェブサイトも構築されており、ウェブ上で逆展示を行う電子機器関連企業も増えています（http://www.reversetrade.com/）。材料、部品などを買いたい人とこれらを売りたい人の出会いのサイトということがいえます。更にこういう活動を支援するためにメールマガジンの発行も行われています。

中国で調達可能な材料、部品等が増えています。中国現地での資材調達について力を入れることがコストダウンの鍵を握る時代に入っています。こういう分野では情報のネットワークをどれくらい幅広くもてるかが大切です。大いにインターネットの活用を図るべきです。ただし、最終的な供給者の選定にあたってはビジネス上の判断項目が多く残ります。安定的な品質の確保、安定供給そしてその会社の信用そのものなど不安の材料が多い中国のことでもあり、人的な情報ネットワークを拡大しておくことが重要です。入り口はウェブでも最終判断は人が行いますし、こういう場合に経験者の意見が大切だからです。

ＷＴＯ加盟後の企業進出形態

歴史的に中国政府は外資系企業の投資の形態をコントロールしてきました。輸出比率が一定の比率を上回ることや国内の販売の権利を付与することを理由に合弁による進出を奨励してきた経緯があります。したがって、従来の中国投資は合弁が前提になっていたと言って過言ではありません。

ＷＴＯ加盟によってこのあたりに大きな変化が現われています。二〇〇二年に入ってからの中国投資は合弁形態よりも独資による進出が増えています。また、欧米の大手有力企業のなかには中国の合弁相手の株式を買い取って、合弁企業を独資化させる動きも出ています。

合弁による中国進出がこれまでの中国投資の基本でしたが、ＷＴＯ加盟で投資の仕方に大きな変化が現われています。合弁形態の良さは、中国における外資側の対応能力不足を補うというものでした。単独進出では獲得できない中国ビジネスのノウハウを最も簡単に入手できる方法でした。他方で、経営支配、経営主導権の問題、知的財産権の問題などもあり、できれば独資形態での運営が望ましいとする企業も増えていました。このような意味で、ＷＴＯ加盟後の中国で単独出資による進出が増加していることは大変興味深いことです。合弁進出の終焉という言い方もできますが、ここで重要なことは、外資企業側の判断として、合弁による中国ビジネスのノウハウの取得よりも、独資による経営主導権の保持を優先する企業が増加しているということです。言い換えれば、中国側のパートナーを見つけ、共存、共栄の道を歩むより、経営の自由を勝ち取りたいとする企業が如何に多いかを物語っています。

一〇〇％出資による中国投資が主流になっており、外資側の経営の自由度は増大していますが、中国環境に適応できる経営を如何に確立するかという観点から新しい挑戦がはじまっています。ここで大切なことは次の二点です。

❶　中国における事業運営についてアドバイスのできる人材を採用すること

中国の投資環境が大きく変化しているとは言え、いきなり単独出資となると戸惑いを覚える企業が多いと思います。このような問題を解消するためにも、中国の事情に詳しい人をアドバイザーとして採用することが大変重要になっています。地方政府とのコネクションの有無が重要になる時代に入りました。

❷ 販売の仕事を組み立てられるかが大切な課題

合弁形態での中国進出においては、中国国内販売は中国側のパートナーが行うことが多かったのですが、独資による進出においては、販売の問題を自分で考えなければならなくなります。これまでは、販売については中国側というのが常識であり、いやいやながらもほっとしていた日本企業でしょうが、これからはいよいよ自分で国内販売の問題を考えなければなりません。中国進出に際し、これまで以上に販売の問題を充分検討することが必要な時代に入りました。合弁による進出から独資による進出への新しい段階に入りました。いやがおうにも販売の問題を自分で考えなければなりません。

五―三　販売の組み立て方

販売機会の増大

中国の市場の大きさが注目を集めています。広大な国土と一三億の人口を誇る中国の市場の大きさについて論じるのが小論の目的ではなく、「世界の工場」化がもたらしている需要創出効果の側面について触れます。中国における販売の問題を考える視点を提供しようというわけです。

中国に世界各国の企業が相次いで進出しています。工場というモノづくりの現場が出ていくということは工場建設が行われるということで、建設関連、建屋関連の需要が発生しますし、設備の据付に関連して多くの需要が生まれます。新しい企業群に採用された人たちが新しい町に住みます。台湾系の企業であれば、台湾料理のお店とかカラオケなども進出することもあるでしょうし、大きな企業の集まる地域にはお医者さんが台湾から引っ越したり、学校が建設されたりします。銀行の地域支店もサービス対応のために陣容を強化します。韓国企業が大きな投資を行っている地域では韓国の食料品屋さんや本屋さんなども店を開きます。日系企業の進出が相次ぐ蘇州地区では日本料理屋やカラオケ屋がオープンされます。中国が「世界の工場」になっているということは、米国、欧州各国、アジア各国から資本が投入され、新しいモノづくり活動が行われているということです。

「工場」は何もハードウェアの生産だけを行うものではなく、ソフトウェアの開発、生産も行います。こういう場所には先端のソフト関連技術者も集まります。世界の列強がビジネスの軸足を中国大陸に移すことで実に多くの需要が創出されます。

自動車関連産業は裾野の広い分野です。大きな企業が中国に出ますと、関連の企業も引きずられて進出することにもなります。パソコンや携帯電話でも同じことが言えます。長野県のエプソンが中国に出てくれれば、エプソンの仕事をしている会社も出ることになり、その町に長野県人が増え、県人会メンバーが増大します。ノキア北京の新工場のまわりはノキアに製品を納める企業が工場を建てます。例えば、日本の三洋のバッテリー工場はノキアの工場のすぐ近くにあります。日系顧客であれば日本から、台湾企業であれば台湾の販売関係企業が事務所を開設します。倉庫関係、物流関係の企業も集まります。情報システム対応でERPなどのパッケージソフトの売り込み合戦も展開されます。従来にも増して、人の往来が激しくなり、その地域の経済が活性化されます。

広東省の珠江デルタ地域、上海、蘇州近辺の長江デルタ地域などでは三ヶ月で街の姿が変わるといわれるほどです。街には活気があふれ、賑わいがあります。こういう場所では様々な分野でビジネスチャンスが生まれます。販売ということに関してもあらゆる種類のチャンスが見出されるわけで、現在のように不景気の世のなかでは稀有の環境です。

中国における販売の問題

二〇〇二年の東南アジアでは、シンガポール、台湾などがGDPでマイナス成長、香港はゼロ成長の見通しです。このなかで経済成長七％を堅持している中国に熱い視線が注がれます。私が関係する電子、電気産業は言うに及ばず、金融、サービス、農業まであらゆる分野で中国詣でが続いています。

分野によって投資の位置づけは異なります。最近の外資系企業の中国進出は、従来の輸出のための加工、生産という考えから、巨大な中国国内市場をターゲットとする企業進出へと変化してきています。中国における販売の問題について考える際の幾つかのポイントを記します。

❶　製販分離企業の工場進出

日本企業の場合、家電や自動車分野のように日本国内で製造部門と販売部門が別会社組織になっているケースが多く、また、重電、機電分野などでは販売は商社経由となっていることが多いので、生産拠点を中国に移す場合に販売の問題が浮上してくることが多くなります。

❷　製造工場が販売を行うケース

中国では販売目的だけでの会社の設立は何箇所かに指定された保税区（例えば上海浦東の外高橋保税区）を除いては認められておらず、製造会社が販売を行うことになります。出資比率にもよりますが、かなり多くのケースで販売については中国側が主導権を握ることになります。また、問題を更に複雑にしているのは、日本から派遣された工場幹部が販売の経験をもたない場合が多く、販売がブラックボックスになる可能性が大きくなっています。透明度を上げるために、日本の販売組織から人を派遣する方法もありますが、中国側との話し合いでもつれることが多くなります。

❸ 製造機能だけの中国移転が多いこと

部品、材料などの生産財については、顧客が中国ローカル企業だけでなく、米系、欧州系、台湾系や日系企業になります。特にハイテク分野では、中国へのビジネス移管がまだ生産活動だけであることが多く、部品の設計部門がそれぞれの進出企業の本国にあります。部品の販売にあたっては本国の設計部門への売込み、認定の取得など国際的なコミュニケーションが大変重要になります。したがって、中国における販売展開も多国籍的な活動になります。

上海浦東の外高橋保税区などでは販売会社の設立が認められていますので、一九九〇年代の中頃以降多くの販売会社がビジネスを展開しています。輸出入、特に輸出販売が奨励されています。同時に中国生産品の中国内販売も行われます。中国のＷＴＯ加盟に伴い、今後、貿易をする権利や販売を行う権利が開放されていきますが、この販売の開放のプロセスは明確に示されていません。

当面のアプローチとして販売だけに限って言えば、香港経由での販売と上海浦東の外高橋保税区などに設立した販売会社経由の販売があり、この両者を上手く組み合わせた活動が現実的です。日本企業の本社ではとかく上海、上海といった議論がありますが、これからの二、三年は香港と上海の両拠点を使い分けた販売運営が大切です。

中国での貿易権の開放についてはあまり大きな問題はないように思います。しかしながら、販売権についてはは初期段階でかなり難しい条件が付けられる可能性があります。中国での販売権の開放が、どのようなプロセスを経てどのような形で実現されるのかについて、情報を入手しながら、香港、上海外高橋などの既存の機能を活かした活動を展開することが重要でしょう。

販売は「二極」からはじめる——電子デバイスのケース

販売は市場の大きな流れに沿って組み立てます。大きな川の流れを捉えることが先決で、その次にどこに行けば大きな魚がいるのかをつきとめます。私は電子産業分野で半導体、表示素子、記憶装置などの電子デバイスを中心とする販売ビジネスにたずさわってきました。いわゆる生産財のマーケティングです。お客様は電子機器の設計、製造、販売を行う企業です。中国電子産業の生産の地域的な分布についてはこの章のはじめのところ（「中国市場をどう捉えるか」）でも述べましたように、南の広東省、中央の上海、蘇州地区、華北では北京、青島地区などが大きな生産地域です。従って、拠点の配置はこういうところになりますが、社内の経営資源は限られており、また自分たちの能力も限られていますので、選択と集中による販売活動の組織化が行われます。

日本企業は香港を基地として中国ビジネスを組み立ててきた歴史があります。香港から始めて北に向かって市場開拓を行うのです。例えば、中国の半導体市場の三五％から四〇％は華南にありますので、この地域を香港から攻めるのは理にかなっています。本拠地を香港におき、深圳にサブの拠点をもつなどして顧客を開拓します。ほとんどの顧客は珠江デルタ地区にいます。華東地区の上海、江蘇省は中国で情報通信関連の産業が発展しているところです。特に、この地域では台湾企業のビジネス移転が激しい勢いで進められています。また、最近では日系企業の大型進出も相次ぐなど中国大陸の中で最も熱い視線を集めています。長江デルタにおける販売は上海を拠点として行うことになります。珠江デルタの中心都市である香港と長江デルタの中心都市、上海の「二極」を上手く使い分け、全体の販売ビジネスを組み立てていくことからはじめるのが最も分かりやすく、限られた経営資源を効率的に集中しやすいと思います。販売は「二極」から始めるというのはこういう意味です。

情報通信分野向けの電子デバイスの販売にたずさわっていますと、技術的な売り込みは広東省や江蘇省等の各地域になります。したがって、販売の最前線部隊は深圳や上海に配置します。フィールド・アプリケーション・エンジニア（技術的な能力をもった営業）といわれる人たちです。華南地区の顧客の開拓は、深圳などの在野の拠点からの活動が中心になりますし、上海でも同じような活動になります。しかしながら決済ということになるとまだ香港が圧倒的に高い比率を占めています。現時点では、上海の外高橋企業における直接決済は、現地在庫品の取引と人民元決済のケースが中心になりますので、金額的にはまだ大きなものにはなりません。こういうことを考えますと、中国大陸拠点では在野の販売活動とロジスティックスが重点活動分野になり、香港では全体の旗振り、販売チャネルの管理、受注、発注、在庫管理、財務、経理などが業務領域になります。

香港と上海という「二極」について述べましたが、誤解のないようにしていただきたいのは、このことが北京地区で何もしないということを意味するものではないということです。多くの企業が北京に駐在事務所をもっています。特に、政府系機関、大学などとの折衝など北京の拠点の果たす役割は大きいものがあります。また、パソコンの聯想集団は北京本社、大手家電メーカーの海爾集団は青島が本社です。それぞれの会社の大きさ、中国ビジネスの規模によっては最初から北京を大きな拠点として位置づけ、「三極」での販売構築を図ります。

販売は「二極」から始めるというのは中国における販売のスタートの仕方を述べたものです。実際には各企業の置かれた個別の状況と会社の力量に関係しますので、応用動作は幾つもの組み合わせとバリエーションがあります。

会議は上海だけでやらない

最近、降って涌いたように中国大陸に出張で出かける人が増えています。日本から近いということもあり、また、その国際的なイメージも手伝って上海を訪問する人が多いと思います。上海の旧市街、特に香港上海銀行ビルなど戦前からの古い西欧建築が建ち並ぶ外灘（ワイタン）から黄浦江の対岸を見渡せば浦東地区がすぐそこに見えます。この地域は一九九〇年代の初頭から巨大な開発が進められており、金融区、商業区、加工区そして保税区に多くの企業が進出し、ビジネス活動を展開しています。

私も何回かこの地を訪問し、九七年初めに外高橋保税区企業として販売会社を設立、香港の中国返還の直前から活動を始めました。日本企業としては比較的早い時期における外高橋進出でした。

上海はビジネスの面から見て中国で最も重要な拠点の一つだと思いますが、最近の日本の状況は少し変です。どうして中国イコール上海、上海イコール中国のような議論になってしまうのか、理解に苦しんでいます。日本では『上海を制するものが世界を制す』というタイトルの本が出ているくらいです。中国出張といえば上海にいく、中国での会議といえば上海で開催する、こういう行動パターンになる人が大変多い昨今です。上海だけを見て、中国事業について思いを馳せることになり、香港を基地に仕事をしている人に「なぜ君たちは香港にしがみついているのだ。早く上海に本拠地を移しなさい」と苛立たしげに言う幹部も出てきます。

私たちの仕事の現実を見ると、売上の六割程度は広東省地域であり、商売は九五％まで香港での決済です。営業の最前線は深圳、上海、北京などで強化することが必要ですが、このことは重要な機能をすべて上海に移してしまうということを意味するものではありません。上海は中国本土でも最も大切な拠点であることには変わりはなく、更に強化すべきでしょう。ただし、上海拠点を拡充してすべてが完了するわけではありません。

現在の販売関連企業の場合には、商社も含めてほとんどの部分が香港決済になっており、ビジネスセンターとしての香港の役割は極めて重要です。一方で、販売の前線基地としての上海、深圳など中国の主要拠点の機能を拡充することが、顧客に深く入り込むために不可欠です。香港でのビジネスコントロールと中国大陸での販売フロント活動、これが車の両輪であり、これらを並行的に強化するのが現実的なアプローチです。何でもかんでも上海にシフトしてしまうというのは間違いです。

中国ビジネスの重要な会議を上海だけで開催していると、概念的なアプローチと現実の乖離の大きさに悩むことになります。出張といえば上海、会議は上海で行う、というようなワンパターンにならないように心がけるべきです。

外高橋企業を活用する①

上海浦東新区は国家経済開発政策に基づく特別開発地域です。上海市を流れる長江の支流、黄浦江の東側の巨大な地域の開発は一九九〇年以降着実に進んでおり、浦東新区は上海の工業、貿易、物流及び金融のセンターとして飛躍的な発展を遂げてきました。あらゆる産業への対応が可能となるよう、「輸出加工区」、「金融貿易区」、「ハイテクパーク」そして「外高橋保税区」があり、世界各国から多くの企業が進出しています。最近の重点誘致産業はＩＴ産業です。また、今後は物流ビジネスに重点がおかれます。

国際的な貿易という観点から最も重要な地区は外高橋です。浦西市街から延安東路トンネルを抜けると世紀大道に出ます。右側にひときわ高い巨大なビルが見えます。金茂ビル、上層階がハイヤットホテルです。銀行、証券会社や世界的な多国籍企業の地域本社が入っている巨大な商業ビルが林立する浦東の商業、金融地区はこの近くです。世紀大道は楊高路にぶつかり、左折してそのまま北上すると、金橋の輸出加工区です。電器、電子、情報通信など四〇〇社近い製造会社が進出しています。更に北上を続けると右側に外高橋保税区が現われます。

外高橋保税区は一九九〇年に中国国務院が最初に設置した保税区で、上海に位置すること、当地区だけに認められた優遇措置の効果などもあり、進出企業の数は二〇〇一年の時点で四〇〇〇社を超えています。外高橋保税区に設立された企業は登録の形態によって国際貿易、輸出加工及び倉庫、物流関連の仕事をすることができます。外高橋保税区においては外資一〇〇%出資の貿易、販売会社の設立が可能です。最低登録資本金は二〇万米ドル、税務面での特典があります。通常の中国における法人税は三三%（国税三〇%、地方税三%）ですが、この保税区に登録された企業の法人税は通常一五%です。特別措置として、二〇〇〇年までに設立された企業については、最初の二年間は企業所得税が免税となり、三年度から五年度までは七・五%と「二免三減半」の優遇制度が適用されていました。第一〇次五ヶ年計画（二〇〇一〜二〇〇五年）で多少税率が見直され、この期間内に設立された企業については、製造企業は従来通りの恩典を受けられますが、貿易会社や貨物配送会社については、一年目と二年目は一%、三年目から五年目は一〇%となりました。

香港企業は外資と見なされますので、一〇〇%出資の販売会社の設立が可能です。会社は外高橋の保税区内に登記します。実際のビジネスオペレーションは、当初、浦東地区で指定されたビル内の事務所で行うことが義務づけられていましたが、中国のＷＴＯ加盟に伴い、入居ビルの指定はなくなりました（後述）。ちなみに、これまで事務所の規制があった時代に外資系企業が入居していたビルは、ＨＳＢＣビル（日本の森ビル）、金茂ビル、中国銀行ビル、証券ビルそして五牛城ビルなどで、事務所インフラの面で優れています。

上海外高橋保税は、貿易の振興を目的の一つとして設けられましたので、輸出入業務を中心に企業活動が行われます。区外の企業との取引については、ビジネスをしようとする相手の会社が輸出入権をもっていれば外高橋企業とつながります。基幹部品、材料などの生産財については、大きな顧客は貿易権をもっていますので取引は可能となります。外高橋での貿易型企業については貿易を軸にした仕事の組み立てが必要です。中国の関連工場製品の国内販売を中心に業務を行った結果、当局から調査をされ、ペナルティを徴収された事例もあるようです。こういう企業は、極端に国内販売の比率が高かったのだと思われます。保税区企業設立の趣旨に則り、輸出入を中心に仕事を組み立てればよいと思います。

外高橋の保税区内に倉庫を持ち、物流拠点としている会社も多くあります。政府が決めた要件を満たせば「分抜中心」、すなわち物流センターのライセンスの取得が可能です。この場合には、自社の製品だけでなく、第三者の製品の保管、配送業務が可能になります。

商品交易市場の会員としての登録を行い、人民元取引を行います。人民元は国際通貨ではなく、この通貨での取引を行うかどうかについては、今後のビジネスをどのように組み立てるのかをよく検討をしたうえで決めます。最近では、中国進出企業が国内販売を増やしており、人民元がたまっていますので、部品、材料の購入に際して人民元での決済の要求が増えています。香港では人民元での入金ができませんので、この領域の仕事は外高橋企業の重要な業務になります。保税区企業が、人民元で入金をし、米ドルなどの外貨で対外決済をします。現時点ではリスクヘッジの妙案はありませんので、顧客との取引条件で為替条項を明確にしておき、「外貨建て人民元払い」などの基本的コンセプトを明示したうえで取引すべきです。なお、商売を続けていると人民元がたまりますので、買いを入れることが大切です。蓄積される人民元を有効に使って購買活動を展開します。

外高橋企業を活用する②

中国がＷＴＯに加盟して三年以内に販売権の開放が行われると言われています。注意しておきたいのは、販売権の付与は国家から認められるものですが、相当の準備をしておかなければ、販売権をもらってもすぐに販売はできないということです。販売権の開放についての情報を的確に把握しつつ、当面は外高橋保税区の企業を上手く活用し、販売活動を行っておくことが大切です。外高橋保税区の販売会社で実現可能なことは限られていますが、制限つきの活動であっても、今からできることを実行に移し、中国での輸出入や国内販売について慣れておくことです。

以上の視点を踏まえて、どんな仕事を外高橋保税区企業として行うのかについてまとめておきます。

❶ 貿易関連業務

香港経由もしくはアジア諸国などから輸入し、中国市場で販売する。輸出の場合には、中国で調達可能な部品、材料などを購入してアジアにある関連工場などに販売する。製品によっては、保税区の会社で購入したものを欧米諸国に輸出することもできます。最近では中国製の備品も品質の水準が向上していますので、資材調達は重要な業務分野になります。輸出を増大させる業務を行っていると政府から誉められますのでこういう仕事に力を入れたいものです。

❷ 香港企業では対応できない業務を行う

香港企業では対応ができない分野を明確に意識して、外高橋企業としての仕事を組み立てます。現地在庫によるローカルデリバリーとJIT対応、人民元での決済を求める顧客への対応などが重要です。競争の激化する世の中で、価値を発揮することが競争に勝ち残れる重要な条件になります。在庫オペレーションや人民元取引をこなせる力がつけば、まわりの顧客からの信頼が大きくなります。

❸ 生産、加工ビジネスを行う

中国で調達できる材料、部品や海外からの輸入資材を利用して、輸出用製品の生産、組み立てを行う。電子産業分野での進出では米国、日本などの先端企業の大型投資が目立っています。

❹ アフターサービスの業務を行う

パソコンや事務機器の修理、エアコンなど家庭電化製品のアフターサービスの業務を立ち上げるのはこの地区での仕事としては着眼点の優れた活動です。前述した「分抜中心」のライセンスが取れれば、修理用の部品の輸入手続などで有利です。

❺ 中国工場製品の国内販売

国内販売については、保税区企業としての全体業務のなかでのバランスを考えて組み立てれば問題はないと考えます。国内販売の動きだけが突出した活動にすると保税区企業としての存在が疑われますので注意が必要です。

❻ 保税倉庫、配送センター業務

保管、配送などの物流業務を行う。上海地区では、先端の部品、材料用の倉庫が少ないので、半導体製品、液晶表示デバイスなどの在庫が可能な倉庫であれば、他社製品についての物流業務に進出することもできます。「分抜中心」ライセンスの取得が前提です。

以前、上海外高橋保税区の管理委員会を訪問した際、「中国がＷＴＯに加盟し、どこでも販売活動ができるようになった場合、外高橋保税区はどのようになっていくのか」と質問をしたことがあります。折しも外高橋が中国で最初の保税区として設立されてちょうど一〇周年を迎えていた二〇〇〇年のことです。担当の方の回答は、まず、「ここで活動している企業は、初期段階から上海に進出している世界的な企業が多く、先行者としての経験も多く積んでいる」ということ。次のコメントは、「開放政策が実現すれば、どこでも販売ができる時代がくるが、やはり外高橋保税区などで中国ビジネスの経験を蓄積することが大きい」というものでした。保税区でできることを実現し、経験を積むという私の考え方を裏打ちするようなコメントであり、自分たちの活動に意を強くしました。最後に、これからの外高橋保税区の行方については、「物流センターとして発展させていくこと」、「この保税区ならではの優遇措置を検討している」とつけ加えていただきました。上海の第一〇次五ヶ年計画では外高橋保税区に大規模な物流団地の開発が予定されています。

情報の入手の難しさ

ビジネス関連の情報の入手は、他の国でも同じですが、中国では特に注意して取り組むべきことの一つです。中央政府も地方政府も極めてドラスティックに制度とか行政指導のやり方などを変えてしまって、「あっ」という経験をすることが多いからです。情報の入手については日頃から問題意識をもち続けられるかどうかがポイントになります。問題意識をもっていれば執拗なアプローチを維持できるからです。大体は気にはしながらついつい忘れてしまってある時「あっ」ということになるのです。最近は、制度や運用等の改善に関するものが多く、予想外の歓迎すべき驚きが多いのですが、時にはネガティブなものが出てきますのでやはり要注意です。

最近のケースについて述べます。ご承知のように中国がＷＴＯに加盟し、産業分野別、製品別に輸入関税率の見直しが行われ、二〇〇二年の一月から引き下げられました。半導体ＩＣ（集積回路）は六％を二〇〇五年までにゼロにするというのがわれわれに伝えられていた関税率低減の計画でした。こういうコンセンサスが業界全体にあり、私なども、質問を受けると関税率の低減計画は二〇〇五年までに完全撤廃と説明していました。日本の正月休みから香港に戻って社内のメールを見ていますと、ＩＣ製品の輸入関税率は、何と〇二年の一月一日からゼロになったと言うのです。確かに中国には守られるべき半導体企業はあまりないことも事実ですがそれにしてもこれまでの関税率低減計画から大きく変わり、いきなりゼロ関税ということは誰も予想していなかったことです。

もう一つケースを挙げておきましょう。上海浦東の外高橋保税区企業として会社を設立し、営業行為を行おうとすると浦東地区で政府から指定されたビルの中で営業を行うことが求められていました（ここでは過去形で書きましたが、本稿執筆時点の二〇〇二年中頃まで同じ行政指導が行われているものと思っていました）。どこの都市でもそうですが、その地に進出し、オフィスを選定するというのも最初の段階で必ず通る重要なプロセスです。上海の場合には、特に営業行為を行うことを前提にすればオフィスビルの指定があり、政府のガイドで「類は友を呼ぶ」傾向が更に加速される状況にあったのです。浦東地区には政府指定のオフィスビルが数箇所あり、有名なところではハイヤットホテルが上層階を占めている金茂ビル、ここには欧米の多国籍企業が多く入っています。日系企業が多く入っているのが森ビル、そして証券関係が入っている証券取引所ビルなどです。中国のWTO加盟でこういう分野も自由になるという見方が示され、そのうちどこのビルでも営業ができるようになると考えていたことは事実ですが、上海市の指定ビル制限指導の撤廃はいとも簡単に実現されていました。中国WTO加盟の直後、〇二年一月の出来事です。私自身、〇二年の二月に上海に出かけた時にオフィスビルの問題を検討したことがあります。指定ビルという考えでの指導は継続されているとの認識でしたが、本当はその時点では指定ビルの指導は撤廃されていたのです。現在の中国のなかでも進んでいる上海市でもこういうことが起こります。

どういう人と接触すれば正しい情報が取れるのかが問われています。情報入手のアンテナを高く、感度を上げるにはどうすればよいのかは中国ビジネスにかかわる者にとって大変重要な課題です。

販売を他人まかせにしない

最近の中国電子工業の動きを見ていて感じることがあります。ご承知のように、テレビ、ＤＶＤ、白物家電関連については中国地場の会社が圧倒的に高いシェアを誇っていますが、パソコン分野や携帯電話といった情報通信分野でも地場企業がシェアの拡大を行っており、注目すべき傾向です。パソコン分野では、聯想集団（Legend Group）の躍進が顕著です。聯想集団については、第Ｉ部でやや詳しく述べましたが、私は、聯想集団の高シェアの背景には自前の直接販売チャネルの構築があると考えています。中国本土でＩＢＭ、コンパックなどが伸び悩んでいるなかでデル（Dell Computer）の躍進も目立っています。この会社の特徴は、あくまでも注文生産（Build to order）で、大都市における販売は企業向けも個人向けも全てインターネットのウェブサイトによるものです。デルのウェブ販売も、直販へのこだわりが成功したケースとして、評価できます。販売は代理店におまかせというのが通常のアプローチでしょうが、最近の聯想集団やデルの動きを見ていると自前の直販チャネルをもつということが如何に大切であるかが分かります。

携帯電話でも二〇〇一年は中国ローカル企業のシェアが一〇％を超えて話題になりました。〇二年は金額ベースのシェアは二〇％を大きく上回る見込みです。海爾、ＴＣＬ、Konkaなど家電メーカが売上を伸ばしています。最近の携帯電話は、極めてファッション性の高い製品になっており、消費者の好みをよく把握できる機構をもった家電メーカのステータスの向上になっているわけです。

中国のパソコン、携帯電話分野で地場企業が活躍する姿を見ていますと、直販網の確立が成功の鍵を握っているように思います。自前の販売網の構築には時間と労力とコストがかかりますが、何といっても販売政策が浸透しやすく、顧客の情報が正確に入りやすいので有効な手段です。中国市場で自前の販売体制と組織が上手く機能しているケースとしては、米系及び日本の化粧品のケースが報告されていますが、ここでのポイントも、最終顧客の好みやニーズに関するインプットが直接把握できるということです。デパートなどでも自社の販売員を置くなどして、消費者に関する情報をつかむことに注力しているのです。なお、自前の販売組織の副産物としては、中国ビジネスで最大の課題である代金回収問題が軽減できるということも忘れてはならないと思います。

中国進出に際して、様々な経営資源上の制約から、販売部門にお金が回らないことが多々あります。しかしながら、代理店を軸とした販売の組み立てを行わざるをえないケースでも、販売を軽く考えないほうがよいと思います。「販売を他人まかせにしない」という気持で第三者と向き合い、市場の反応や動きがビンビン伝わってくるように、強力な指導を行うことが肝要です。また、顧客の動向を理解するため、販売系の情報システムの構築に最大限の注意を払うようにしたいものです。

販売情報の重要性

全体的に、中国企業の在庫水準はかなり高めです。どうして中国企業の製品や部品、材料の在庫水準が高いのか、原因は何か考えてみます。マクロ的には、中国の事業インフラの整備が充分でなく、先の見通しが立てにくいために安全サイドを考えて、部品、材料など余計な在庫を抱えるということがあります。また、資金繰りの悪い企業が多いので、支払い問題に直面した会社が、納期が到来している製品の受け取りを拒絶することもあります。しかしながら、中国企業の在庫水準が高いことの本当の理由は、販売情報の把握にあるようです。確かに在庫が悪であるという認識が薄いこともありますが、やはり、販売情報の把握と共有に問題があります。

中国企業は、家電製品、パソコンなどの耐久消費財の販売においては、消費者がどういう製品を欲しているのかのフィードバックを市場から吸収することにかけては大変優れていますが、需要変動の量的な把握については問題があるように思います。パソコンや携帯電話のように、産業自体が右上がりの曲線に乗っているビジネス領域では問題は発生していませんが、ある程度普及率の高い一般家電製品では生産過剰、在庫過剰になることが多いのです。なお、カラーテレビでこれまで大量生産、大量在庫の問題を繰り返してきたことや、二〇〇二年においてエアコン製品領域で大量の在庫問題が発生したことについては、産業界全体の体質問題もあり、単純に需要変動の把握のせいにすべきではないと思いますが、それにしても、顧客状況の変動要因の把握と事業計画へのフィードバックには問題があります。

販売情報のより正確な把握と共有が重要です。ここでは中国企業の得意な顧客のニーズの把握ということでなく、需要の変動について考えてみます。市場変動に関する情報を取ることは誰にとっても難しいことです。中国の販売部隊の人にとっては、訓練を受けていないだけにチャレンジ性の高い課題です。また、生産財の分野における特定顧客のビジネス状況変化も把握しにくい領域です。最悪の場合には、不良在庫や不良債権の問題に発展します。

どこに行ってどのような情報を入手するのか？　このためにどのような動きをすればよいのか？　情報を入手できたら誰にレポートするのか？　どういう項目について情報を入手し、どのようなフォーマットでまとめるのか？　そもそも販売情報や顧客情報を社員と共有することでどんな利益があるのか？　販売情報の入手と組織的な共有が何故重要なのか？　について徹底的に自問自答を繰り返し、この領域を掘り下げていく必要があります。特に中国企業で仕事をしている営業員はこのあたりの訓練ができていませんので、意識の変革も含めた業務改善が必要です。

私自身も、中国の関連企業の販売チームとある電子部品の販売プロジェクトの仕事をしていた時に、顧客である中国の家電企業の情報が分からなくて大変苦労したことがあります。私の食い込みが足りないのではないかと考えてみたり、時には、中国の営業マンは販売情報をシェアしないのではないかと考えたりしました。販売情報をシェアすることが如何に大切であるのかについて会議の席で訴えたこともありました。

販売情報や顧客情報については、入手と共有がどうして大切なのかを繰り返し説明するなど、ある意味での教育を行う必要があります。時間はかかりますが、基本的な報告様式も決め、初めのうちは「このフォーマットをうめて欲しい」ということからスタートするのが良いのです。

販売活動がビジネスの成否を決めますので、この領域を訳も分からないブラックボックスにせず、情報の入手と共有による販売データの透明性を向上させていきたいと思います。

中国で在庫をもつということ

今から数年前、上海に設立された販売会社で電子部品の在庫をもつことにしました。上海近辺に事業を移してきた外資系の顧客の要望に応えるためです。当時、日本の人たちの想像を超えるコンセプトであったため理解を得るのに時間がかかりました。何か問題が発生したらどうするのか、在庫を引き揚げたい時にはどうするのかが主要な関心事でした。香港で倉庫関連の業務を長くやっている人が何度も上海に出かけ、香港のミニチュア版の倉庫が完成しました。倉庫の業務管理システムは香港から移植しました。私は、まわりの人たちに在庫や倉庫業務がいかに大切であることを分かってもらいたいということもあり、上海に出張に行くと必ず浦東のはずれ、外高橋保税区の中にある倉庫に立ち寄りました。そもそも中国では在庫という概念が必ずしも明瞭に理解されていません。例えば在庫をためこむということもさほど悪いことだと考えられていない節があります。こういう環境では、在庫というものについての基本的な考え方を何度も説明することから始めなければなりません。

最近は欧米系の多国籍企業が生産シフトを押し進めていくなかで在庫オペレーションも急ピッチで高度化されています。これら大手顧客の物流をあずかっている業者のなかには、バーコード、パソコン端末とサーバーを見事に使って在庫の入出庫及び残高の管理を行っている企業も登場するなど、ここのところ中国における倉庫関連の業務もレベルが向上しています。以前、深圳市の福田保税区内で活動している欧州系の倉庫関連企業を訪問したことがあります。七、八名のスタッフで大規模な倉庫業務を行っており、机の上の書類もとても少ないのに驚きました。ちなみにこの会社の経営管理は香港人が通勤でこなしていました。

こういう会社があればコンサインメント在庫の運営も可能です。コンサインメント在庫というのは顧客の需要予想などに基づいて工場所在地の指定倉庫に製品を搬入し、顧客が製品を倉庫から外に出した時に製品の所有権がサプライヤーから当該顧客に移るものです。「富山の薬売り」のようなコンセプトです。一九九〇年代初頭の米国で出てきた概念ですが、その後世界中で実行に移されております。顧客が中国内でこのオペレーションを提案した当初は戸惑いもあり、初期検討に多少時間がかかりましたが、しばらくすると日常業務として定着しました。

中国での在庫運営は、香港と上海の両拠点などと言ってられません。コンサインメント在庫が一般化してきたからです。月末在庫のチェック（現品とリスト記載の内容についてのつき合せ）は管理部門として最低限必要なことですが、在庫拠点が分散化していますので棚卸という基本動作ですらかなりの労力をとられる仕事になります。在庫については、どこにどれだけ在庫があって、どのような動きをしているのかが捉えられる仕組みになっているかどうかが大変重要です。情報システムのレベルアップが大切な分野です。在庫拠点の分散化傾向はまだ続きますので、ネットワークを用いた在庫管理のオンライン化と高度化が重要な課題です。

人民元取引について

人民幣（Renminbi）、略してＲＭＢと書かれます。中華人民共和国の通貨であり、中国人民銀行が発券します。日本では人民元と呼ばれることが多いのですが、国際通貨ではなく中国の国内だけで使われます。

香港から中国貿易を行う場合には決済通貨として米国ドルなどの国際通貨が用いられます。香港から設備や部品、材料などの生産財の輸出販売を行う場合、中国で輸入権をもっている会社が顧客になります。幸い中国との輸出入取引においては、米ドルが決済通貨として用いられます。相手側もしくは日本側の事情で時には決済が日本円になることもあります。中国の会社の購買部門が香港にある場合には取引は香港の国内取引になり、ここでも米ドルが用いられることがほとんどです。

上海の外高橋にある貿易会社が生産財の輸入販売を行う場合も、顧客である完成品のメーカーが製品を国外に輸出する場合には決済通貨は大体米ドルになります。特に、中国に工場をシフトした多国籍企業が相手の場合は、輸出ビジネスが多いので、取引は米ドル建てになることが多いのです。近年、これらの外資系の企業も輸出に加えて少しずつ中国国内市場向けに販売を始めています。国内販売比率がまだ低い間は購買部門も米ドルなどの国際通貨での支払いになりますが、国内販売の比率が大きくなると、国内向けの分野では人民元での決済を求める動きが出てきます。中国国内の工場などから製品を仕入れて販売する場合には、人民元での決済も問題はありませんが、輸入の場合には、通貨が米ドルなどの国際通貨になりますので、営業入金が人民元の場合には外貨への交換が必要になります。ここで中国政府の外貨管理の問題と向き合うことになります。

通常は輸出入を行う中国の会社を使い交易市場経由での取引を行うことで外貨交換の問題を解決できます。この業者へのコミッションと交易所使用料の双方でコストが発生します。両方で売上高の約一・五％前後になると思います。こういう費用の負担については顧客とよく話し合う必要があります。また、決済条件でユーザンスがつく場合には米ドル建ての値段と交換レートを明記した上で人民元の価格を決めるなどの対応が大切になります。いずれにせよ人民元での決済を求められた場合には条件設定について顧客と充分話し合いを行うのはもちろんですが、為替リスクは契約当事者の双方で折半するという基本的なコンセプトを理解してくれる顧客であれば人民元でのビジネスを始めてもよいと思います。この場合には、決済条件どおりの入金を実現すべく最大の努力を行います。

人民元は、管理変動相場制という制度のなかで取引が行われ、一米ドルは八・三元前後で推移していますが、近年対米ドルレートは一貫して人民元高／ドル安となっています。以前、人民元の切り下げ論議もありましたが、現在は当面切り下げも切り上げもないと考えています。こういう意味では為替の変動リスクは小さいのですが、中国では為替の先物予約の制度が発達しておらず、有効なリスクヘッジ策がとれません。対応策は、人民元での支払いを増やすことです。人民元で資材の調達を行い、輸出することが有効な手段になります。人民元購買です。また、経費はできるだけ人民元払いにするという当り前のことをどこまで追求するのかも検討課題です。大きな費用は日本人駐在者の人件費で、ほとんど米ドル支給になっていますが、人民元支払いの部分を導入することも検討すべきです。事務所の賃借料は日系のビルでは円払いが多いと思いますが、円建て人民元払いなどに変えることも有効です。

人民元の役割

人民元は中国の国内だけで通用する通貨であるという意味では国際通貨ではありません。一九九四年一月に人民元の公定レートと市場レートの二本立ての為替相場を一元化し、管理変動相場制に移行しました。一本化の時点では一米ドルが八・七人民元からのスタートでした。人民元も他の国の通貨と同様に自国、すなわち、中国という国の経済とか政治とかいう基本的なファンダメンタルズの影響を受けますし、中国の国内で毎日行われている外国為替市場での主要な国際通貨、特に米ドルとの売り買い、需給の影響も受けます。最近約一〇年間の人民元の対米ドルレート推移について図1のグラフを参照ください。

中国の基本的なファンダメンタルズは強めの推移を続けています。貿易収支は二〇〇〇年で二四

図1　人民元の対米ドル推移

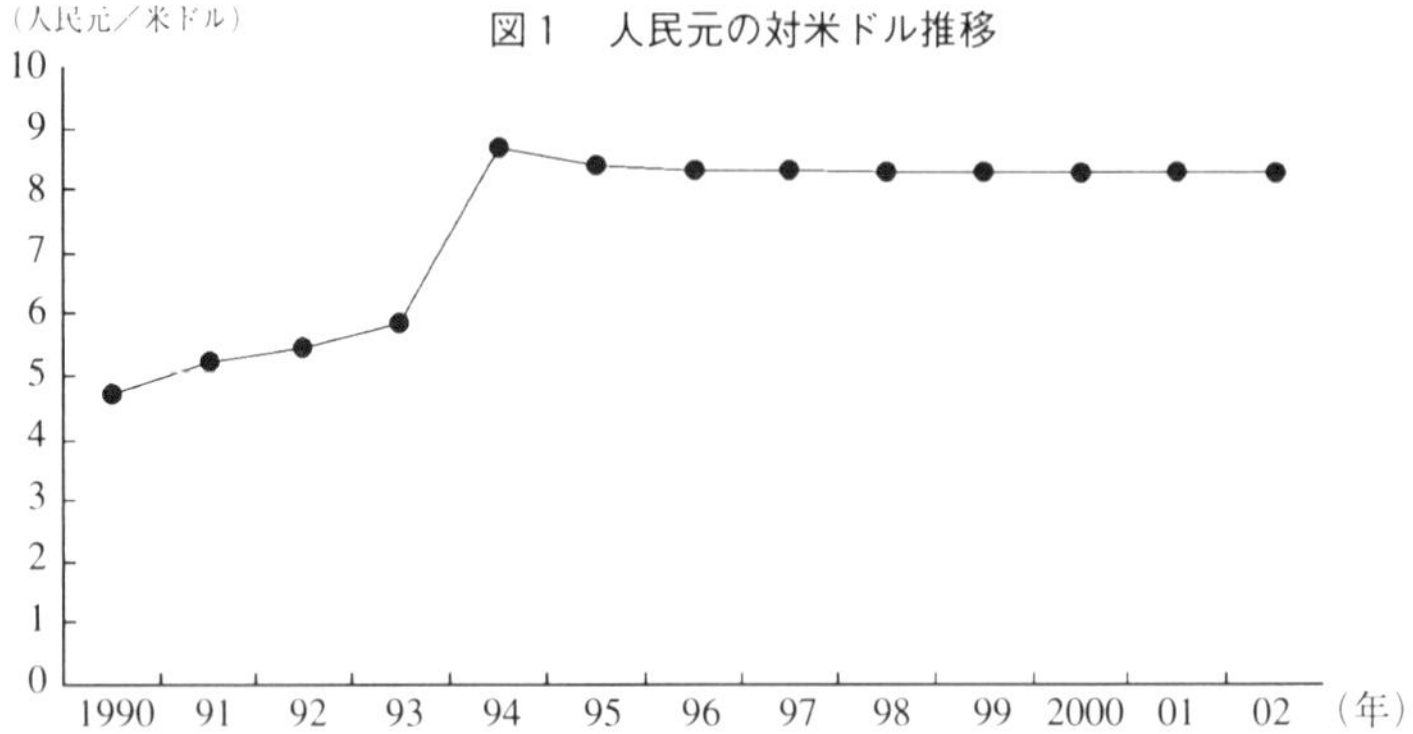

(資料) シティーバンクの資料に基づき作成．各年1月のレート．

一億ドルですし、外貨準備高は昨年一九〇億ドル近くまでに増加しました。〇一年一二月に念願のWTO加盟も決まり、諸外国の中国投資に関するコンフィデンスの水準は右上がりの曲線にあります。こういう傾向が続く限り人民元が切り下げられたり、弱くなったりするようなことは予測されません。これが経済の原則です。

人民元は、中国に進出した多国籍企業が国内販売をはじめたことで決済通貨として用いられており、更にこれらの多国籍企業が材料、部品などの購入の際に支払いの通貨として用いるなど、中国ローカル企業以外でも使われ始めています。二〇〇二年の二月に香港で人民銀行の幹部が記者会見を行い、香港での人民元預金口座の開設の検討を行っている旨発表しました。香港で人民元口座の開設が可能になるということは、香港企業による人民元決済ができるということだけでなく、香港の外為市場で人民元によるファイナンスの可能性も示唆するものであり注目に値します。特に、国際的な金融市場である香港の外為市場に人民元が登場することは中華経済圏で人民元が流通する最初のケースになるという意味で極めて重要です。近い将来、台湾と中国大陸との直接的な経済交流が実現された時にも、人民元建ての決済が可能になるかもしれません。グレーター・チャイナ経済圏での人民元の流通とファイナンス分野における活用の可能性は、この通貨の国際流通に向けての大きな動き、ハードカレンシー化につながるだけに注目しておきたい動向です。

アフターサービス競争

パソコン関連製品とテレビ、音響などのAV関連機器の分野で二〇〇二年九月から「三包」が実施されます。三つの「包」とは「包修」、「包換」、「包品」であり、日本語では修理、交換、返品ということです。販売を行ってある一定の期間内に発生した製品のアフターサービス及び保証の問題について生産者、販売業者及びアフターサービス業者の責任区分、故障の判断、保障の有効期間など関する詳細な規定が登場したわけです。これまでこの領域は全体的な観点からの規定がなく、各社各様の対応でしたが、これで活動の基準ができたことは消費者の保護の観点からも評価されますし、サービス産業の新しい展開につながると思います。

家電領域での海爾の品質問題へのこだわりやパソコン分野での聯想の「二四×七サービス」の全国展開など中国でも製品を販売した後の消費者へのサービス活動のレベルが向上しています。中国市場に参入している外資系企業も品質問題への対応、アフターサービス関連ビジネスの改善に躍起になっています。ＩＢＭが中国パソコン市場参入の初期段階から製品のアフターサービスのために中国の鉄道省と組んでBlue Expressという会社を設立し、活動を構築してきたことは有名です。中国の広さに対する対応だと思います。鉄道省が政府機関であり、迅速なサービス、高品質のサービスということになると問題があるようです。中国における事業展開でどちらかというと対応にてこずっていた領域だけにパソコン及びＡＶ関連機器分野で中国政府が規定を明確化したことは大いに評価されます。今回の「三包」の実施はとりあえず社会的な影響の大きいパソコン、テレビ、音響関連製品から始められます。

私も、業務用のエアコンの領域で、広州にアフターサービスの会社を設立し、活動を行った経験があり、故障の判断について現場が大変苦労していたことを思い出します。最終的な故障の判断に関しては、常に微妙なものが残りますが、ルールが明文化されることは大変重要です。また、こういうところから新しいビジネスチャンスが誕生します。中国でアフターサービスの分野が商売の死命を制する時代の訪れが近づきつつあり、この分野におけるサービス競争が激化することが予想されます。

大学との連携

中国の大学は日本の大学などに比べるとはるかにビジネス志向が強く、国内、国外の企業を提携するなどして事業を起こすところが多いのです。大学の構内に合弁企業やパートナーからの援助をもとにした研究室や教室の看板が幾つも掲げられている光景を見ました。

香港赴任直後に訪問した北京のある有名大学でお話をしていてここに先端半導体の教室を作りたいと考え、その後「マイコン共同実験室」が完成しました。上海のある有名大学でも奨学金を実施し、また半導体の教室も開講しました。年に一回は日本からシニアにご足労いただき、特別講義の企画も実現しました。私自身も特別講義の傍聴をし、その後の懇親会では大学の幹部の方と意見の交換をさせていただいていました。大学側の情熱が直接伝わってきて、とてもさわやかな気持になったのを覚えています。蛇足ですが、最初は大学での講義は中国語の通訳付きでしたが、質疑応答になると、学生が英語でどんどん質問をしてくるので、二回目以降は、はじめから英語の教材と英語を使った講義にしたという逸話も残っています。

こういう活動は何も教育の場面にとどまりませんで、半導体開発サポートのための機器の開発、生産をある大学にお願いしたり、ある研究室に民生用のアプリケーションソフトの開発をお願いしたりしたこともあります。大学の開発したソフトのおかげで中国のローカル企業へのデザインインが獲得でき、注文をいただくことになったケースもありました。変わったところでは、大学が設立したディストリビューターを販売チャネルの一つとして使ってある程度の成果を収めたこともあります。

アメリカの企業はこういう活動をもっと大きな規模で行っているようです。時には企業のエゴが出過ぎて顰蹙《ひんしゅく》を買うようなこともあるようですが、全体としては上手く運営しておられるようでした。特に、ＩＢＭの大学との連携プレイは長い歴史があり、多くの情報システムの開発は大学で行われています。先日の新聞発表で山東大学との提携をされたとの記事をみましたが、これで四〇以上の大学とパートナーシップを結ばれている由、日本の企業など足元にも及ばないと思います。一九九八年にマイクロソフトのビル・ゲーツ氏が中国を訪問して、北京でコンピュータ関係の基礎研究をしようと思い立ったのも、大学での講演がきっかけであったと言われています。

五―四　情報システム関連

情報システムでケチらない

ハイテク部品の仕事をしていると需要予想、受発注、受注残管理にはじまって在庫や売掛残高、入金まで仕事の各プロセスでコンピュータシステムを駆使します。情報システムが中国本土と香港、そして日本ともネットワークで結ばれることになりますので、この領域は大変重要な仕事になります。香港の銀行、商社などは東京主導のメインフレームを使っていますが、製造、販売関連ではクライアントサーバーのシステムに移行しており、香港に機能別、分野別などに基づいてサーバーを置き、パソコンを端末として用いるシステムが稼動しています。

上海など中国の都市の拠点で情報システムを構築する際、まだ規模が小さいといって、投資をケチることも多々あり、特に現在のように不況下ではこういうことが起こりがちです。安価なパッケージソフトを導入することにもなるのですが、不具合が多く、システムの改善にかえって時間と労力がかかり、後で臍《ほぞ》をかむことになります。中国の日本企業に日本から派遣されたスタッフは大変忙しい毎日を送っています。親元の事業所がよほど情報システムに理解があれば話は別ですが、通常はＩＴ関連の人材を日本から派遣する余裕はなく、なかなか業務の改善が進まないのが実情です。

こういう環境下では、業務統合型ソフトの導入が最も現実的な解決策かもしれませんが、自分たちがつくったものでないだけに問題発生時の対応がポイントになります。

私は、上海の事業運営で、パッケージソフトで痛い経験をしたことがあり、廉価版のソフトの使用については慎重です。上海出張時にデータの修正処理をした時に関連部分が正しくされていないという不具合などが指摘され、このパッケージソフトを改良して使うか、香港と同じシステムを導入するかについて社内のIT部門で議論となったのです。せっかく、これまでパッケージソフトを使ってきたので、改良を加えて継続使用すべきだという声もありましたが、私の判断は、上海のビジネスもこれから大きなものになるので、香港と同じ情報処理にすべしというものでした。「突貫工事」を行い、四ヶ月後には香港並みのシステムの稼動となりました。

私は、自分の経験から、情報システムではあまりケチらず、「大は小を兼ねる」という考えで望んでいます。いずれ仕事が増え、複雑になることをあらかじめ予想し、コンピュータシステムの構築を考えておくことが必要です。当然バージョンアップの思想が前提なので最初から過剰反応をすることはありませんが、マネージメントが最初からITスタッフにケチケチの条件を突きつけて検討をしてもらうというのはどうかと思います。中国のビジネスオペレーションでは、人的な資源も香港並みというわけにはいかず、こういう観点からもシステムはきちんとしておく必要があります。ある日突然ハプニングが起こる、対顧客でとんでもないミスが発生するなど、問題が発生してから対応に苦慮することになるのです。

業務改革とIT対応

普通のことを普通にやっていては勝てない時代です。日本の生産による競争ではとても生き残れない、と中国進出を実現する、これが中国ビジネスの第一歩です。製品によっては中国からの輸出で事業を伸ばすことが目的となりますし、中国の国内市場開拓が魅力ある目標にもなります。中国進出直後は、工場の建設、事業の立ち上げについての調整と忙しい時期を過ごします。慣れない中国で、パートナーとの合弁生産の構築にプライオリティがおかれるのです。初期段階での基本的なビジネスインフラの構築は気の緩む暇もないほど忙しいものです。したがって、業務の改革やそのための情報システムの高度活用などは二の次になります。通常は、工場生産と管理業務のために日本人出向者や長期出張者を派遣するのが精一杯でIT関連の要員をおく余裕はないのです。

野村総合研究所が上海で行ったIT関連のセミナーのなかで、中国における製造業の忙しい状況をあらわす言葉として、三つの「無い」が取り上げられています。「人がいない」、「金が無い」、「時間が無い」です。現地企業の日本人スタッフは、このような環境下にありながら、本社から販売状況、生産計画、在庫状況などについてほとんど毎日報告を求められ、猫の手も借りたい状況です。

工程管理、生産管理など工場の基本業務については、日本の情報システムがそのまま持ち込まれているようですが、通常の間接業務についてはシステム化ができていないことが多いと思います。受注、発注、生産手配、在庫品の管理、経理部門の数字の取りまとめ等々会社の業務のあらゆる面で手書きの資料が多く、こういう資料ファイルからデータを引っ張り出し、夜遅くまでかかって報告書をまとめることが多くなります。部品、材料についても、自社及びサプライヤーの双方でシステム化が遅れているために、安全サイドを見た手配が行われ、材料関係の在庫が大目になります。経理部門のスタッフは、例えば月次決算時にデータの整合性に問題に直面し、ファイルの山に囲まれ、七転八倒の苦行を強いられることになります。極端な場合には、基礎データの精度を疑いはじめることもあると思います。

家電製品のような消費財の場合は、直接の顧客が販売代理店ですので、販売情報については、透明度の問題はないのかもしれませんが、電子部品のような生産財で顧客が中国大手のローカル企業である場合には、よく注意していませんと、販売活動に関するデータベースがとりづらくなります。販売については、中国側パートナーのほうで取り仕切っているケースもありますので注意しておきたいと思います。特に、顧客への売り込みの状況をデータベースとして残す訓練が必要であり、販売のプロセスをブラックボックスにしないようにしたいものです。

中国のＷＴＯ加盟以降、世界の列強の中国進出に拍車がかかっています。従来は、中国に工場進出すること事体に意味がある、といっても過言でない時期もありましたが、いよいよ強烈な業務改革なしには競争に打ち勝つことが難しい時代に入りました。業務プロセスの見直しと改革が不可欠で、改革を支える情報システムの導入が重要な課題になっています。生産合理化のための設備投資には前向きになる中国側のパートナーですが、情報システムに対する投資については、効果の判定が定性的になることもあって、対応に時間がかかるようです。業務改善とＩＴ技術の活用がビジネスのために大変重要であるという認識をもつことが出発点です。中国における事業の拡大の計画策定時に情報システムに対する投資の議論を行えるようにしたいものです。最近では単独資本による企業進出も増加傾向にあり、ＩＴ関連の強化のためにお金が使いやすい企業が増えているだけに、合弁進出企業もうかうかしておられません。

中国における企業の情報システムの現状をみて、ドイツのＳＡＰ社、アメリカのオラクル社など有数企業がシステム販売に乗り出しています。業務改善と情報システム技術の活用が大きなテーマになる中国、伸びる者の悩みです。

五―五　まとめにかえて

「早く」、「安く」ということ

中国の顧客とつき合いをしてきまして、「早く」と「安く」という言葉が妙に頭に残っています。私は、先端電子部品や業務用の機器などの販売に従事していました。私たちの顧客である電子機器の企業が発展してきた歴史を考えてみますと、短期間の間に急激な成長を遂げているわけで、すべての行動にスピードが要求されるのは当然だと思います。

中国のビジネスでは早く動いた方が勝ちます。顧客は大変忙しい業務に追われています。ある企業の設計チームの人が、新しい電子機器の開発準備をしているとします。必要な部品の技術資料が欲しいと思ってインターネットで情報検索をしている時に、電子部品のサンプルと技術データをもってドアをたたけば、「渡りに船」となります。私は、販売部門の人に対して「いろいろ議論している暇があるのなら早くサンプルを提出して認定（Qualification）をとったらどうか」などと言っていたものです。顧客の設計部門を訪問し、技術説明会を行い、味見のサンプルなどを出しておくことです。「うそだと思うならサンプルを出してごらん」といって営業の人がサンプルを提出してみたら顧客の会社の開発部門でさっそくテスト、本当にあっさりと認定され、その後直ちに商売がはじまったことも経験しました。設計の人も早くプロジェクトを立ち上げたいのです。技術情報についてもインターネットのホームページ上である程度きちんとしたものがあれば、ウェブサイトのURLを連絡しておくだけで違います。早く情報を知りたいという顧客エンジニアへの対応です。

中国で「先は勝ち」というニュアンスの言葉があります。「早い者勝ち」とは少し意味が異なるのかもしれませんが、先行者がビジネスチャンスをものにする確率はうんと高くなります。

「安く」ということ、これはお金の問題です。製品開発のプロジェクトで使えるお金が決まっているのでどこの国でも事情は大体同じです。ところが、不思議なことに生産財の価格は中国市場で世界的な平均価格の下限になることが多いのです。中国のパソコン企業や携帯電話メーカーが設計しているのはローエンド製品であるということが背景にあるのでしょうか。逆の言い方をすれば、多分、標準品を前提に機器の設計を行い、後は世界で最も安い部品を集めてつくってしまうということだと思います。生産財の販売をしていますと、中国の企業が顧客の場合には、価格だけで買うか買わないかを決められる場面に直面することが多く、それだけで嫌になってしまう人もいます。価格だけで購買を決めているのではというケースも多いと思います。

情報システムの販売の場合も同じでしょう。ドイツのSAPが中国市場での販売を強化中です。この企業の情報システム製品は良いお値段のものですが、中国市場向けではローエンド版の導入なども検討し、「安く」の世界に入っていかざるをえないのではないかと思います。情報システムに使えるお金は限られています。一般的な中国企業では情報システムの高度化に多くのお金を使用する余裕がありません。

「早く」、「安く」、中国商売のキーワードです。

中国における地域統括の重要性

日本企業で海外地域本社のあり方をめぐって様々な議論があります。事の発端は二、三年前から行われている分社化です。歴史的に見れば、日本企業における地域本社の形成の過程は企業の中で海外部門、国際部門がその地位を確立する時期でもありました。私も「AA欧州」や「BBアジア」という会社が次々と社内の海外ビジネスを取り込むのを見た経験もあり、現在の地域概念希薄化の動きにいささか時代の流れを感じています。日本企業の国際活動の幅や深みを考えると、私は、「国際部門」や「地域本社」という切り口は、企業の国際化の牽引力として重要だと思います。

中国では地域統括が重要です。理由は幾つかあります。まず、中国という国は、二〇〇一年末にWTOに加盟した直後の時期にあり、産業、貿易、税務などの分野で多くの制度改革を行っているということです。政府系機関、国有企業や外資企業も大きな変革の過程にあります。このような意味で、中国のビジネス環境は多くの地域特性をもっており、様々な事業の展開に際して、地域としての共通項的なものへの企業対応が不可欠です。分社化の影響もあって、海外地域での企業活動が個別事業所単位で展開されていますが、現在の中国の事業環境下では、企業の総合的な力の発揮をどのように行うのかを考えた組織化が大切です。中国における地域本社の機能としては、次のようなものがあります。

（１）地域代表機能、（２）ブランド管理・広報、（３）法務・知的財産、（４）人材、（５）財務・税務、（６）情報システム、（７）事業開発、（８）研究開発

このなかで、（６）及び（８）については、多額の資金が必要とされますので、分社化のなかでどのようにリソースをつけるのかが難しい状況にあります。情報システムについては、個別事業所ごとの対応になりますが、インフラ系の分野におけるネットワークの問題、情報セキュリティ確保の問題に加えて情報システム分野でのＩＴ運用支援などもあり、全社的な旗振りがまだ重要です。

二番目は、ビジネスに関するものです。第一部で述べましたように、アジア地域での大きな商流の変化を踏まえ、中国ビジネスをグレーター・チャイナというもう少し大きな地域概念のもとに展開することが重要になっています。台湾、香港そして中国大陸を包含するグレーター・チャイナというような地域概念を前提とした事業の推進は、事業機会の発掘という面で大いにアドバンテージを与えてくれます。もともとグレーター・チャイナという地域概念は、政治を先取りしたかのようなコンセプトです。こういった大きな地域概念に基づいて、企業活動を組織化することは、日本企業ではまだ緒についたばかりで、これからの活動に待つところが大きいと思います。個別ビジネス分野におけるグレーター・チャイナ事業の取り組みについては、プロジェクトの推進により実現可能ですが、全社的な観点からの組織化をどうするのかについては、まだ明確な組織化の路線は提示されておらず、当面は試行錯誤のプロセスを通らざるをえません。

これまでの日本企業の国際的な活動の過程で形成されてきた地域本社です。現在の分社化、合弁による事業部門の切り出しなどの変動期にこれからの地域活動のフレームワークをどのように再構築していくのかなどが大切な課題です。中国ビジネスについては、ＷＴＯ加盟後の改革、開放という潮流変化とグレーター・チャイナ地域における商流変化の両面を捉えた企業活動の組織化が鍵を握っているという意味では地域統括と地域本社による旗振りが極めて重要です。

おわりに

万里の長城

振り返ってみると、一九八〇年代中期は大変興味深い時期でした。八四年に出版されたロンドン大学森嶋通夫先生の『日本はなぜ「成功」したか?』のサブタイトルは「先端技術と日本的心情」でした。『ニューズウィーク日本語版』の誕生は八六年一月。創刊号の日本描写は「放漫なまでの自信の陰に劣等感を潜ませつつ、猛然と坂を駆け上がる国の姿」でした。同じ時期、アメリカでは、パソコン分野で画期的な前進があり、マイクロソフトの活動も顕著になっていました。この頃「アメリカの復権」の端緒があったと考えると、人の時代認識は何年かずれるのではないかとさえ思われます。

私がアメリカに移った一九八九年時点でも私自身、日本企業がまだ国際社会で高い水準で活動していると確信していました。九〇年前半に入り、この考え方を修正せざるを得ないことに気づき、愕然としたことを鮮やかに覚えています。「アメリカの復権」です。コンピュータ、通信、半導体などエレクトロニクス分野のみならず、航空機、医療、金融、証券、小売、運送等殆どの領域でアメリカ産業が復活していました。今度は日本企業の良くない点が目立ってきました。

五年間のアメリカ滞在の後、一年だけ日本にいて、一九九五年の一二月に香港に移りました。香港にいて日本のことを考えました。外から日本を見ながら、アメリカ企業の強さ、アジアで元気な欧州企業、アジア企業のスピードが目立つなかで、日本企業の自信喪失の姿が世界各国の人から同情と心配をもって見られているのに気づきました。

日本企業の国際展開は、歴史的に様々な局面を通りながら、現在にいたっています。初期的な輸出と工場進出の過程を通して、国際ビジネスが独自の地位を築くなかで、国際事業部や海外地域本社などが構築されました。国際事業部門の形成過程は伸びゆく日本企業の姿そのものでした。一九九〇年代後半以降、日本企業の活動が反省期に入り、ビジネスの仕方や組織が見直されるなかで、分社化や他社との合弁による事業部門の切り出しが現実的な議題になりました。「世の中、グローバル」という掛け言葉のもと、個別事業部門の相対的な地位が上がり、国際部門のステータスが低下しました。「国際」という名前をつけた部門が日本企業の組織から次第に消えていきました。「海外地域本社」も、分社化と合弁による事業部門の切り出しによって見直しの危機に瀕しています。これまで日本企業の海外活動を支えてきた「米州」、「欧州」そして「アジア」などの地域概念が希薄になりつつあり、時代の流れを感じます。

米国のコンサルタントから「日本企業は改革しても良くならない。顧客不在だからだ」という意見を聞きます。半導体ビジネスのような領域でも、欧州のSTマイクロが顧客重視で乗り切っているのみると、市場や顧客と向き合うことが重要だと思います。STマイクロのように、ウェブサイトに三〇社余りの顧客の固有名詞を出し、「これが私たちのトップ顧客です」と言う感性を共有することは日本の企業には難しいと思いますが、こういうアプローチに事業再生の鍵があるのかもしれません。

日本企業は、これまで国際的な企業活動のなかで、様々な課題を解決し、新しい局面を打開してきました。あらゆるものを引き付ける中国――この大地が新しい競争の舞台になりつつあります。

国際的な企業競争が中国という場所で繰り広げられています。

本書では、中国ビジネスの組み立てを、主として販売活動の側面から考察してきました。次の三点が基本的なコンセプトであり、私の提案です。中国でビジネスを行っている方、そしてこれから中国進出を考えている人のご参考になればこのうえない幸せです。

❶ 中国ビジネスの出発点をグレーター・チャイナという大きな地域概念に基づく企業行動の組織化から始める。

❷ 香港で蓄積したビジネスモデルと経営の軸足を中国大陸にシフトする。

❸ 中国を「工場」としてのみ捉えるのではなくて、「商場」としての認識を加えた活動を展開する。

中国がＷＴＯに加盟してまもなく一年、中国は大きく変りつつあります。この国でビジネスを行う者にとって、事業環境の透明度が向上していることが最大の収穫です。変化が大きいということは、チャンスも大きいということです。変りゆく中国のスピードに負けないで仕事の組み立てを行うことは大きなエネルギーを必要とします。変化をチャンスと捉え、とにかく出来ることからやってみる――こういう仕事が私たちを次の地平に導いてくれます。

最後に本書を世に出すにあたり、ご尽力いただいた日本経済評論社の宮野芳一氏に心からお礼申し上げます。

二〇〇二年一一月

浦上　清

情報ソース及び参考文献（順不同）

Hong Kong Trade Development Council（香港貿易発展局）
“China’s WTO Accession and Implications for Hong Kong”, November 2001
“The Two Cities - Shanghai Hong Kong”, March 2001
“Investment Environment in the Chinese Mainland”, May 2000
ホームページ　http://www.tdctrade.com/
Hong Kong SAR Government（香港特別行政府）
公式ホームページ　http://www.info.gov.hk/eindex.htm
極めて有用な情報源。殆どの政府調査資料へのアクセス可能。
South China Morning Post　http://www.scmp.com/
China Daily（中国の公式英字新聞）http://www1.chinadaily.com.cn/news/index.html
日本貿易振興会　http://www.jetro.go.jp/top-j/
中華人民共和国対外貿易経済合作部（MOFTEC）　http://www.chinaonline.com/
中華人民共和国信息産業部　http://www.mii.gov.cn/mii/index.html
中国外商投資企業協会　http://www.etisu.com.cn/

Deloitte Touche Tohmatsu

"Foreign Investment into China: Fitness Survey", 2001

『中国の投資、会計、税務』中央経済社、二〇〇一年

Google（情報検索サイト） http://www.google.com/

AltaVista（情報検索、翻訳サイト） http://www.altavista.com/

CITIBANK各種レポート（Asian Economics Weekly, China Economics Weekly等）

EE Times - China "China IC Design Survey: 2002"（二〇〇二年二月）

日本貿易振興会香港 逆見本市 http://www.reversetrade.com/

人民網 http://www.people.com.cn/

中時電子報 http://news.chinatimes.com/

台北時報 http://taipeitimes.com/

香港電台 http://rthk.org.hk/

日経ＢＰ http://www.asiabiztech.com/index.shtml（アジア関連情報）

聯想集団 http://www.legend-holdings.com/

年次報告書、年次報告発表資料

海爾集団 http://www.haier.com/english

年次報告書

（注）ＵＲＬは二〇〇二年一二月末現在。

［著者略歴］

浦上　清（うらかみ　きよし）

1946年　岡山県生まれ，千葉市在住．

70年3月　一橋大学法学部卒業．

70年4月　㈱日立製作所入社．

75－76年 The London School of Economics and Political Science，Research Fee Student．

89年8月　日立アメリカ社半導体販売事業部副事業部長．

94年8月　㈱日立製作所電子部品営業本部半導体欧州部長．

95年11月－2002年3月　日立亜洲（香港）有限公司董事総経理，香港日本人倶楽部理事．

現在　㈱日立国際ビジネス勤務．

中国ビジネス——工場から商場へ——

2003年2月1日　第1刷発行

定価（本体1800円＋税）

著　者　　浦　上　　清

発行者　　栗　原　　哲　也

発行所　　株式会社　日本経済評論社

〒101-0051　東京都千代田区神田神保町3-2

電話03-3230-1661　Fax. 03-3265-2993

URL : http://www.nikkeihyo.co.jp

E-mail : nikkeihy@js7.so-net.ne.jp

装丁・鈴木弘

版下・ワニプラン　印刷・平河工業社　製本・小泉製本

乱丁本落丁本はお取替え致します．

ISBN4-8188-1464-4

Printed in Japan

中国の知識型経済　華人イノベーションのネットワーク　蔡林海著　3200円

華人系資本の企業経営　王効平著　2800円

中国の地域間所得格差　産業構造・人口・教育からの分析　林燕平著　4000円

中国のWTO加盟と日中韓貿易の将来　3国シンクタンクの共同研究　阿部一知・浦田秀次郎編著　2500円

日中の経済・社会・文化　共通と差異／歴史から未来へ　鹿児島国際大学地域総合研究所編　3500円

（消費税は含みません）